A COEXISTÊNCIA ENTRE A FALÊNCIA E A ARBITRAGEM E SEUS EFEITOS

JANINE SILVA CABRAL LUCHESI

A COEXISTÊNCIA ENTRE A FALÊNCIA E A ARBITRAGEM E SEUS EFEITOS

Belo Horizonte

2021

© 2021 Editora Fórum Ltda.

É proibida a reprodução total ou parcial desta obra, por qualquer meio eletrônico, inclusive por processos xerográficos, sem autorização expressa do Editor.

Conselho Editorial

Adilson Abreu Dallari
Alécia Paolucci Nogueira Bicalho
Alexandre Coutinho Pagliarini
André Ramos Tavares
Carlos Ayres Britto
Carlos Mário da Silva Velloso
Cármen Lúcia Antunes Rocha
Cesar Augusto Guimarães Pereira
Clovis Beznos
Cristiana Fortini
Dinorá Adelaide Musetti Grotti
Diogo de Figueiredo Moreira Neto (in memoriam)
Egon Bockmann Moreira
Emerson Gabardo
Fabrício Motta
Fernando Rossi
Flávio Henrique Unes Pereira

Floriano de Azevedo Marques Neto
Gustavo Justino de Oliveira
Inês Virgínia Prado Soares
Jorge Ulisses Jacoby Fernandes
Juarez Freitas
Luciano Ferraz
Lúcio Delfino
Marcia Carla Pereira Ribeiro
Márcio Cammarosano
Marcos Ehrhardt Jr.
Maria Sylvia Zanella Di Pietro
Ney José de Freitas
Oswaldo Othon de Pontes Saraiva Filho
Paulo Modesto
Romeu Felipe Bacellar Filho
Sérgio Guerra
Walber de Moura Agra

FÓRUM
CONHECIMENTO JURÍDICO

Luís Cláudio Rodrigues Ferreira
Presidente e Editor

Coordenação editorial: Leonardo Eustáquio Siqueira Araújo
Aline Sobreira de Oliveira

Av. Afonso Pena, 2770 – 15º andar – Savassi – CEP 30130-012
Belo Horizonte – Minas Gerais – Tel.: (31) 2121.4900 / 2121.4949
www.editoraforum.com.br – editoraforum@editoraforum.com.br

Técnica. Empenho. Zelo. Esses foram alguns dos cuidados aplicados na edição desta obra. No entanto, podem ocorrer erros de impressão, digitação ou mesmo restar alguma dúvida conceitual. Caso se constate algo assim, solicitamos a gentileza de nos comunicar através do *e-mail* editorial@editoraforum.com.br para que possamos esclarecer, no que couber. A sua contribuição é muito importante para mantermos a excelência editorial. A Editora Fórum agradece a sua contribuição.

Dados Internacionais de Catalogação na Publicação (CIP) de acordo com a AACR2

L936c	Luchesi, Janine Silva Cabral
	A coexistência entre a falência e a arbitragem e seus efeitos / Janine Silva Cabral Luchesi (Coord.).– Belo Horizonte : Fórum, 2021.
	123 p; 14,5x21,5cm
	ISBN: 978-65-5518-095-4
	1. Direito Empresarial. 2. Direito Falimentar. 3. Arbitragem. I. Título.
	CDD 347.7
	CDU 347

Elaborado por Daniela Lopes Duarte - CRB-6/3500

Informação bibliográfica deste livro, conforme a NBR 6023:2018 da Associação Brasileira de Normas Técnicas (ABNT):

LUCHESI, Janine Silva Cabral. *A coexistência entre a falência e a arbitragem e seus efeitos*. Belo Horizonte: Fórum, 2021. 123 p. ISBN 978-65-5518-095-4.

Aos meus filhos Tiago e Letícia.

SUMÁRIO

APRESENTAÇÃO 9

CAPÍTULO 1
INTRODUÇÃO 11

CAPÍTULO 2
ARBITRAGEM 13
2.1　Métodos negociais versus jurisdicionais 13
2.2　A teoria publicista 17
2.3　O caráter jurisdicional da arbitragem 19
2.4　Princípios norteadores da arbitragem 21

CAPÍTULO 3
FALÊNCIA 27
3.1　Breves considerações 27
3.2　Princípios norteadores da falência 31
3.2.1　Otimização dos fatores de produção 31
3.2.2　O princípio da preservação da empresa 33
3.2.3　Princípio da universalidade 34
3.2.4　Princípio do *par conditio creditorum* 36
3.3　As três fases do processo falimentar 37

CAPÍTULO 4
A FALÊNCIA E O PROCEDIMENTO ARBITRAL 39
4.1　Considerações iniciais 39
4.2　A falência e a arbitrabilidade objetiva e subjetiva 41
4.3　O dever de informação e o sigilo 50
4.4　O sigilo e o Ministério Público 63
4.5　A alternativa inspirada no *Dispute Resolution Board* 66
4.5.1　O interesse do minoritário e o interesse do credor 71

CAPÍTULO 5
EFEITOS DA FALÊNCIA SOBRE O PROCEDIMENTO ARBITRAL JÁ EM CURSO OU INICIADO DURANTE O PROCESSO FALIMENTAR 75
5.1   Competência da massa falida para compor a lide 75
5.2   Disponibilidade dos bens 81
5.3   Ausência de anuência do comitê de credores 82

CAPÍTULO 6
A CELEBRAÇÃO DE CONVENÇÃO ARBITRAL APÓS A DECRETAÇÃO DA FALÊNCIA 87
6.1   Competência do administrador judicial e disponibilidade dos bens 87
6.2   Anuência judicial ou dos credores 89
6.3   Vício na manifestação da vontade 92

CAPÍTULO 7
HABILITAÇÃO DA SENTENÇA ARBITRAL 99
7.1   A sentença arbitral e sua natureza 99
7.2   Executividade 102
7.3   Habilitação e classificação do crédito 105

CAPÍTULO 8
CONCLUSÃO 113

REFERÊNCIAS 119

APRESENTAÇÃO

Uma dissertação de mestrado é resultado de uma caminhada que definitivamente não se encerra com a sua defesa. As críticas ainda que posteriores são de grande valia, já que as facilidades podem inibir valiosos progressos. Assim, às vezes solitária, outras em contextos de grandes debates, a pesquisa é, no mínimo, um bom exercício de humildade.

Esta obra é fruto de um trabalho de dissertação de mestrado e se dedica aos estudos que envolvem o longo e doloroso processo falimentar e a arbitragem, um importante instrumento de resolução de conflitos.

Dedica-se a apresentar alternativas inspiradas no *Dispute Resolution Board – CRD* para garantir os interesses dos credores. E propõe ainda, sem exaurir a questão, uma reflexão sobre a possibilidade da falência e da arbitragem coexistirem em momentos distintos, como quando a arbitragem já está em curso e é iniciado um processo falimentar, quando a arbitragem é inaugurada após o início do processo falimentar ou quando a falência já está em curso e o administrador judicial vê na arbitragem uma possibilidade. Nesse caso, a obra chama a atenção do leitor para o possível comprometimento da manifestação da vontade. A expectativa é oferecer a estudantes, advogados e demais profissionais interessados insumos que contribuam para a prática e reflexões críticas.

A autora.

CAPÍTULO 1

INTRODUÇÃO

A falência é um "processo coletivo" que tem curso no Judiciário e, por isso, enfrenta a morosidade experimentada por quem necessita de uma resposta do Estado. O grande número de processos e a lentidão no julgamento de toda uma complexidade de questões levadas à justiça são apontados como graves entraves na solução de conflitos. Nesse contexto, a arbitragem, como um meio jurídico de solução de controvérsias, presentes ou futuras, baseado na vontade das partes envolvidas, vem se apresentando como importante medida na busca da satisfação dos litígios.

A arbitragem vai ao encontro das necessidades do mercado, instituindo recomendação para as boas práticas de governança corporativa e, o presente estudo pretende demonstrar que a falência não constitui impedimento para a sua realização.

A reflexão nuclear tem como marco teórico a Lei de Arbitragem e se propõe a demonstrar que não há óbice jurídico para que a arbitragem e a falência aconteçam de forma concomitante, considerando que as arbitrabilidades objetiva e subjetiva são plenamente atendidas, mesmo diante de um processo falimentar.

Embora o ordenamento brasileiro ainda não apresente, em seu texto legal, a possibilidade de a arbitragem e do processo falimentar acontecerem de forma concomitante, observa-se que a jurisprudência vem, ainda que timidamente, privilegiando a possibilidade de o processo falimentar seguir seu curso sem qualquer prejuízo à arbitragem.

O processo falimentar, por envolver interesse público, preza pelos princípios da publicidade e unidade a fim de oferecer transparência e tratamento isonômico aos credores. A arbitragem, por seu turno, tem a confidencialidade, ou sigilo, como importante característica. Assim, verifica-se a necessidade de grande reflexão acerca dos institutos, bem como a propositura de alternativas que possam suprir a não intervenção do Estado num processo que privilegia as relações privadas.

O presente trabalho não se propõe a exaurir todas as nuances jurídicas que envolvem a arbitragem e a falência, mas, antes, apresentar como contribuição o enfrentamento de matérias que ainda serão, certamente, objeto de debates jurídicos, como o sigilo, a confidencialidade, a capacidade do administrador judicial, a manifestação de vontade, o interesse público, dentre outros.

Inicialmente, o estudo em comento cuidará da identificação e análise jurídica da falência e da arbitragem, bem como de seus princípios norteadores e as interseções entre estes.

Após, serão concentradas as atenções para os ordenamentos jurídicos de outros países e o dever de informação e sigilo. Na sequência, a reflexão sobre a proposta da não inclusão do Ministério Público e a alternativa inspirada no *Dispute Resolution Board ou Comitê de Resolução de Disputas – CRD*.

Em seguida, o trabalho se propõe a analisar os efeitos da falência sobre o procedimento arbitral já em curso, ou iniciado durante o processo falimentar, e, na sequência, a possibilidade, ou não, da celebração de convenção arbitral após a decretação da falência.

Por fim, a pesquisa se concentrará na habilitação da sentença arbitral no juízo falimentar, sua executividade e, por último, a classificação do crédito.

Adotar-se-á, como metodologia, a realização de pesquisa bibliográfica, a análise dos dispositivos legais e manifestações do Judiciário acerca da matéria, bem como inspiração em institutos utilizados como mediadores de conflitos e levantamentos de dispositivos normativos de ordenamentos extravagantes.

＃ CAPÍTULO 2

ARBITRAGEM

2.1 Métodos negociais versus jurisdicionais

O termo jurisdição vem de *iuris dictio*,[1] que significa dizer o direito ou poder de dizer o direito. Para Belizário Lacerda,[2] a "jurisdição é o poder privativo do Estado para dizer o direito por meio do juiz. Processo é exatamente o instrumento de que se vale o Estado para exercitar sua jurisdição".

Esse monopólio do Poder Judiciário tem se revelado como um modelo comprometido, já que a sociedade vem reclamando da ineficiência na atividade dos serviços judiciários.[3]

Para Belizário Lacerda[4] a Justiça, tanto no passado quanto na atualidade, foi sempre uma atividade privativa do Estado. Mas, na mesma oportunidade, o autor pondera, porém, sobre a necessidade de rever esse monopólio do Estado de dizer a justiça:

> Todavia, com o aumento da população também aumentaram os conflitos sociais, de tal sorte que o Estado começou a mostrar fadiga na prestação jurisdicional e, consequentemente, vem deixando de cometer essa prestação a contento dos jurisdicionados.

---

[1] LACERDA, Belizário Antonio de. *Comentários à lei de arbitragem*. Belo Horizonte: Del Rey, 1998, p. 29.
[2] LACERDA, Belizário Antonio de. *Comentários à lei de arbitragem*. Belo Horizonte: Del Rey, 1998, p. 29.
[3] MARTINS, Pedro A. Batista. *Arbitragem no direito societário*. São Paulo: Quartier Latin, 2012, p. 32.
[4] LACERDA, Belizário Antonio de. *Comentários à lei de arbitragem*. Belo Horizonte: Del Rey, 1998, p. 21.

A par do aumento dos conflitos sociais, contribuem também para o descontentamento da prestação jurisdicional tradicional, podem ser enumerados a demora daquela referida prestação jurisdicional, o excesso de formalismo processual com todos os prazos especiais e artimanhas que o envolve, esquecendo-se muita vez, advogados e juízes de que o objetivo do processo é decidir sobre a sorte da parte, e não sobre a sorte de formas processuais, que nada mais representam na realidade do que papeis. Ainda pode figurar como entrave à prestação jurisdicional o custo do processo, e a angústia das partes pela dúvida em seus espíritos pelo tempo em que demorar o desfecho do processo.[5]

Para Martins, uma exclusividade a ser rebatida com veemência:

O monopólio que o Estado deve perseguir é o da salvaguarda e proteção da justiça, visto este sob o prisma do devido processo legal substantivo. Sob o prisma da observância plena dos direitos fundamentais do cidadão. Sob o prisma garantista do Direito.

(...)

O monopólio é o da justiça, e não do Judiciário, visto sob sua ótica deontológica em que os valores relevantes da sociedade e o devido processo legal são preservados. O que o Estado deve assegurar a todos é uma tutela jurisdicional justa. E essa pode ser conduzida tanto por particulares, investidos de autoridade, quanto por servidores públicos concursados.[6]

Embora o Estado tenha como dever precípuo oferecer, também, a prestação jurisdicional para resolver conflitos, o que se verifica é que não vem desempenhando a contento sua função.

Desde os tempos históricos da Justiça de mão própria, em que o lesado, por si ou por intermédio do grupo, vingava a ofensa a direito próprio, a técnica de composição dos conflitos de interesses vem se sofisticando. Hoje, o próprio Legislativo já admite outras formas de satisfação e de resolução de conflitos. Por conseguinte, para Lima[7] a prestação da jurisdição não é uma exclusividade estatal:

---

[5] LACERDA, Belizário Antonio de. *Comentários à lei de arbitragem*. Belo Horizonte: Del Rey, 1998, p. 21.
[6] MARTINS, Pedro A. Batista. *Arbitragem no direito societário*. São Paulo: Quartier Latin, 2012, p. 32.
[7] LIMA, Sérgio Mourão Corrêa. *Exequatur Stricto Sensu e Homologação de Sentença Arbitral e Judicial Estrangeira pelo Superior Tribunal de Justiça*. São Paulo: Saraiva, 2006. p. 737-768.

Se exercida diretamente pelo Estado, será judiciária; se delegada a particulares, será arbitral.[8]

O autor,[9] fazendo referência a Francisco J. Rezek, classifica os métodos utilizados pela sociedade para superar controvérsias em negociais e jurisdicionais:

> Métodos negociais – entendimento direto ou autocomposição e mediação;
> Métodos jurisdicionais – arbitragem e solução judiciária.

Os métodos negociais visam ao acordo das partes, ainda que com o eventual sacrifício da norma jurídica aplicável. Diversamente, nos métodos jurisdicionais, ao juiz e ao árbitro incumbe aplicar ao caso concreto a norma jurídica pertinente.

O autor explica ainda que a arbitragem é um "mecanismo jurisdicional não judiciário" e explica:

> É jurisdicional porque são decisões obrigatórias aquelas proferidas pelos árbitros. Não é judiciária porque a arbitragem não é implementada diretamente por órgãos judiciários permanentes.[10]

Assim sendo, tanto o juiz, em caso de solução judiciária, quanto o árbitro, na arbitragem, proferem decisões jurídicas, obrigatórias[11] e de relevância inquestionável.

O instituto da arbitragem, que, segundo Martins, no Direito brasileiro surge pela primeira vez com o advento da Constituição Política do Império, de 25 de março de 1824,[12] vem ganhando cada

---

[8] LIMA, Sérgio Mourão Corrêa. *Exequatur Stricto Sensu e Homologação de Sentença Arbitral e Judicial Estrangeira pelo Superior Tribunal de Justiça*. São Paulo: Saraiva, 2006. p. 737-768.

[9] LIMA, Sérgio Mourão Corrêa. *Exequatur Stricto Sensu e Homologação de Sentença Arbitral e Judicial Estrangeira pelo Superior Tribunal de Justiça*. São Paulo: Saraiva, 2006. p. 737-768.

[10] LIMA, Sérgio Mourão Corrêa. *Exequatur Stricto Sensu e Homologação de Sentença Arbitral e Judicial Estrangeira pelo Superior Tribunal de Justiça*. São Paulo: Saraiva, 2006. p. 737-768.

[11] LIMA, Sérgio Mourão Corrêa. *Exequatur Stricto Sensu e Homologação de Sentença Arbitral e Judicial Estrangeira pelo Superior Tribunal de Justiça*. São Paulo: Saraiva, 2006. p. 737-768.

[12] (...) em seu artigo 160, estabelecia que nas causas cíveis e nas penais, civilmente intentadas, poderão as partes nomear juízes-árbitros e que suas sentenças serão executadas em recurso, se assim convencionarem as mesmas partes. MARTINS, Pedro A. Batista. Arbitragem através dos Tempos. Obstáculos e preconceitos à sua Implementação no Brasil. In: *A Arbitragem na era da Globalização*. Coletânea de Artigos de autores brasileiros e estrangeiros. Rio de Janeiro: Forense, 1999, p. 35-67. 1999.

vez mais espaço como importante instrumento, jurisdicional, alternativo de solução de conflito. Na atualidade, o acordo sobre resolução arbitral de conflitos não é fenômeno raro na realidade jurídica brasileira.

Carnelutti destaca motivos para justificar a preferência pela solução de conflitos por meio da arbitragem:

> As razões pelas quais as partes podem preferir a solução da lide por meio de arbitragem à solução processual ordinária são várias: em primeiro lugar, a natureza das questões, que exigem particular experiência de quem tem de resolvê-las; a conveniência de subtrair a publicidade do processo; a dificuldade de dispor ao processo ordinário, documentos que não estão em conformidade com as regras tributárias.[13] (tradução própria)

A morosidade da justiça é um inquestionável problema e observa-se um "congestionamento já crônico dos sistemas judiciários internos da maioria dos Estados".[14]

O grande volume de processos e a lentidão no julgamento de toda uma complexidade de questões levadas à justiça são apontados como graves entraves na resolução de conflitos. Para Garcez a extensão do reconhecimento dos direitos do homem, a sua vez, tem como consequência uma demanda jurisdicional cujo crescimento atinge enorme proporção, ocorrendo praticamente entre todos os países.

> Esta maior demanda de jurisdição esbarra, porém, no congestionamento já crônico dos sistemas judiciários internos da maioria dos Estados. Existe uma crise no setor, que se mostra extraordinariamente lento em face da maior litigiosidade dos povos e incapaz de solucionar, de forma adequada, as questões a ele submetidas. Dessa crise, evidentemente, participa o Judiciário brasileiro, onde é crescente o volume de processos e se encontram pendentes de julgamento mais de oito milhões de processos.[15]

---

[13] No original: *Las razones por las cuales pueden las partes preferir la solución de la litis por medio de árbitros a la solución procesal ordinaria, son varias: ante todo, la naturaleza de las cuestiones, que exijan particular experiencia en quien tiene que resolverlas; la conveniencia de sustraer a la publicidad el proceso; la dificultad de servirse en el proceso ordinario de documentos que no se encuentren en regla con las prescripciones tributarias.* CARNELUTTI, Francesco. *Instituciones del Processo Civil*. Buenos Aires: Jurídicas Europa América, 1973, p. 115.

[14] GARCEZ, José Maria Rossani. Coord. *A Arbitragem na era da Globalização*. Coletânea de Artigos de autores brasileiros e estrangeiros. Rio de Janeiro: Forense, 1999, p. 2.

[15] GARCEZ, José Maria Rossani. Coord. *A Arbitragem na era da Globalização*. Coletânea de Artigos de autores brasileiros e estrangeiros. Rio de Janeiro: Forense, 1999, p. 2.

Com o abarrotamento da justiça, a arbitragem, sendo um dos mais antigos institutos,[16] destaca-se como matéria de relevância inquestionável.

Afora as conhecidas vantagens – celeridade e informalidade – que o processo arbitral costuma proporcionar, numa visão macro, essa importante via de solução das controvérsias constitui instrumento eficaz de acesso à justiça.[17]

No Brasil, com o advento da Lei Federal nº 9.307, de 23 de setembro de 1996 (Lei de Arbitragem), a arbitragem vem se revelando como um instituto autônomo com especificidades próprias.

2.2 A teoria publicista

Sempre houve divergências doutrinárias dividindo os estudiosos, alguns entendendo o instituto da arbitragem como sendo uma jurisdição privada ou contratualista, outros como sendo de natureza publicista ou processualista e, por fim, visto como misto.

Segundo os defensores do entendimento "privalista" ou "contratualista", a arbitragem seria mero contrato. Um instrumento que possibilita às partes obter a solução da controvérsia, não necessitando da intervenção do poder estatal.

Por outro lado, a corrente "publicista" ou "processualista" identifica no instituto da arbitragem caráter verdadeiramente jurisdicional. Dessa feita, os árbitros são investidos da função pública do exercício da jurisdição, com poder de definir de forma semelhante à justiça pública.

Alvim, ao dissertar sobre a natureza jurídica da arbitragem, dispõe sobre as controvérsias doutrinárias:

> No âmbito publicista, afirma Amar que o processo arbitral é um verdadeiro e próprio juízo, e os árbitros são juízes. Para Codovilla,

---

[16] Segundo Martins, o instituto da arbitragem no Direito brasileiro surge, pela primeira vez, com o advento da Constituição Política do Império, de 25 de março de 1824. MARTINS, Pedro A. Batista. Arbitragem através dos Tempos. Obstáculos e preconceitos à sua Implementação no Brasil. *In: A Arbitragem na era da Globalização*. Coletânea de Artigos de autores brasileiros e estrangeiros. Rio de Janeiro: Forense, 1999, p. 35-67.

[17] MARTINS, Pedro A. Batista, Acesso à Justiça. *In: Aspectos Fundamentais da Lei de Arbitragem*. Rio de Janeiro: Forense, 1999, p. 1-14.

deve-se falar de uma jurisdição arbitral. Fedozzi, considera a decisão dos árbitros uma sentença de mero acertamento, que o pretor transforma em uma sentença de condenação. Para Ghirardini, o laudo é "ato jurisdicional em potência".

No âmbito privalista, Calamandrei tece econômicos à doutrina que, em vez de considerar os árbitros como encarregados de funções jurisdicionais, os considera como substitutivos da jurisdição ou equivalentes do processo ou meios de defesa extrajudicial; mas prefere, ele próprio, considera-los verdadeiros auxiliares da justiça, que desenvolvem a sua atividade sobre controvérsias sujeitas à jurisdição do Estado, e sobre as quais os órgãos jurisdicionais continuam sendo competentes no momento essencial da jurisdição, que é o do mandato. (...)

Hugo Rocco sustenta que nada impede considerar a arbitragem como um dos casos em que o Estado deixa a particulares a faculdade de exercer uma função pública ou um serviço público, sem perderem a condição de simples particulares; ou seja, sem assumir a qualidade de verdadeiros órgãos do Estado, senão obtendo a equiparação, mais ou menos completa, de sua atividade privada, à de um funcionário público.[18]

Este trabalho parte da premissa de que o procedimento arbitral atua como verdadeira jurisdição estatal, superando a tese do Estado como sendo único detentor do feito. Acompanha-se o entendimento de Alvim,[19] de que a legislação abarcou a teoria publicista da natureza jurídica da arbitragem ao imprimir à sentença arbitral força obrigacional, com os mesmos efeitos da sentença proferida pelo Judiciário, bem como com a inovação introduzida pelo inciso IV, do artigo 475N, inaugurado pela Lei nº 11.232/2005,[20] que alterou o Código de Processo Civil e

---

[18] ALVIM, José Eduardo Carreira. *Direito Arbitral Interno Brasileiro*. 1999, 512f. (Tese de doutorado), Faculdade de Direito, Universidade Federal de Minas Gerais, Belo Horizonte, p. 63-64.

[19] ALVIM, José Eduardo Carreira. *Direito Arbitral Interno Brasileiro*. 1999, 512f. (Tese de doutorado), Faculdade de Direito, Universidade Federal de Minas Gerais, Belo Horizonte, p. 67.

[20] Código de Processo Civil. Art. 475-N. São títulos executivos judiciais:
I – a sentença proferida no processo civil que reconheça a existência de obrigação de fazer, não fazer, entregar coisa ou pagar quantia;
II – a sentença penal condenatória transitada em julgado;
III – a sentença homologatória de conciliação ou de transação, ainda que inclua matéria não posta em juízo;
IV – a sentença arbitral;
V – o acordo extrajudicial, de qualquer natureza, homologado judicialmente;
VI – a sentença estrangeira, homologada pelo Superior Tribunal de Justiça;
VII – o formal e a certidão de partilha, exclusivamente em relação ao inventariante, aos herdeiros e aos sucessores a título singular ou universal.
Parágrafo único. Nos casos dos incisos II, IV e VI, o mandado inicial (art. 475-J) incluirá a ordem de citação do devedor, no juízo cível, para liquidação ou execução, conforme o caso.

conferiu *status* de título executivo judicial à sentença arbitral. Hoje, a disposição está prevista no inciso VII do artigo 515 da Lei Federal nº 13.105/2015 – Novo Código de Processo Civil.

Humberto Theodoro Júnior entendia a arbitragem como um dos substitutivos da jurisdição, importando em renúncia à via judiciária, assim concluindo após a edição da Lei de Arbitragem:

> Se, no regime anterior à Lei nº 9.307, mostrava-se forte a corrente que defendia a natureza contratual ou privatística da arbitragem, agora não se pode mais duvidar que saiu vitoriosa, após o novo diploma legal, a corrente jurisdicional ou publicística.[21]

Carmona explica ainda a constitucionalidade do entendimento, argumentando que nada impede os litigantes de prever, para litígios futuros que decorram de determinada relação jurídica, a solução arbitral em detrimento daquela estadual.[22] A permissão dada ao juiz togado de substituir a manifestação de vontade do contratante inadimplente, que se recusa a instituir a arbitragem (como previamente prometido), mostra que o legislador preocupou-se em dar tutela ao direito do contratante que deseja ver cumprido o pactuado.[23]

Dessa forma, é garantido o cumprimento da manifestação da vontade dos litigantes demonstrada em tempo pretérito.

2.3 O caráter jurisdicional da arbitragem

Para Carmona, o conceito de jurisdição, que está em crise já há muitos anos, deve receber novo enfoque para que se possa adequar a técnica à nova realidade, especialmente, ressaltando a arbitragem:

> O fato que ninguém nega é que a arbitragem, embora tenha origem contratual, desenvolve-se com a garantia do devido processo e termina com ato que tende a assumir a mesma função da sentença judicial. Sirva,

---

[21] THEODORO JÚNIOR, Humberto. *Curso de Direito Processual Civil.* 17. ed. Rio de Janeiro: Forense 1998. V. III, p. 373.
[22] CARMONA, Carlos Alberto; LEMES, Selma M. Ferreira. Considerações sobre os novos mecanismos instituidores do Juízo Arbitral. *In:* Aspectos fundamentais da lei de arbitragem. Rio de Janeiro: Forense, 1999, p. 35-52.
[23] CARMONA, Carlos Alberto; LEMES, Selma M. Ferreira. Considerações sobre os novos mecanismos instituidores do Juízo Arbitral. *In:* Aspectos fundamentais da lei de arbitragem. Rio de Janeiro: Forense, 1999, p. 35-52.

pois, esta evidência para mostrar que a escolha do legislador brasileiro certamente foi além das previsões de muitos ordenamentos estrangeiros mais evoluídos que o nosso no trato do tema, trazendo como resultado final o desejável robustecimento da arbitragem.[24]

A natureza jurídica da arbitragem tem gerado polêmica no decorrer dos anos. Lima, ao exarar sobre a Convenção de Arbitragem, destaca os dizeres de Nádia de Araújo que assim a define:

> [u]m meio jurídico de solução de controvérsias, presentes ou futuras, baseado na vontade das partes envolvidas, as quais elegem por si mesmas e diretamente, ou através de mecanismos por elas determinados, árbitros para serem os juízes da controvérsia, confiando-lhes a missão de decidir de forma obrigatória o litígio através da prolação de um laudo arbitral.[25]

O caráter jurisdicional da arbitragem é também acompanhado pelo legislador ao dispor, no art. 31 da Lei de Arbitragem nº 9.307, de 23 de setembro de 1996, que "a sentença arbitral produz, entre as partes e seus sucessores, os mesmos efeitos da sentença proferida pelos órgãos do Poder Judiciário e, sendo condenatória, constitui título executivo".

Ademais, é o que preceitua a Lei nº 13.105, de 16 de março de 2015 (Novo Código de Processo Civil), que impõe nova redação sobre a jurisdição:

> Art. 16. A jurisdição civil é exercida pelos juízes e pelos tribunais em todo o território nacional, conforme as disposições deste Código.

Extrai-se ainda que tal norma abrangeu a tese da jurisdicionalidade, estimulando a solução consensual de conflitos:

> Art. 3º Não se excluirá da apreciação jurisdicional ameaça ou lesão a direito.
> §1º É permitida a arbitragem, na forma da lei.
> §2º O Estado promoverá, sempre que possível, a solução consensual dos conflitos.

---

[24] CARMONA, Carlos Alberto. *Arbitragem e Processo*: um comentário à Lei nº 9.307 de 23 de setembro de1996. São Paulo: Atlas, 2009, p. 26 e 27.

[25] ARAÚJO, Nádia de. *Arbitragem* – A Nova Lei Brasileira e a Praxe Internacional. São Paulo: LTr, 1997, p. 91, *apud* LIMA, Sérgio Mourão Corrêa. *Convenção de Arbitragem*. Tese Doutorado – UFMG, 2001. p. 17.

§3º A conciliação, a mediação e outros métodos de solução consensual de conflitos deverão ser estimulados por juízes, advogados, defensores públicos e membros do Ministério Público, inclusive no curso do processo judicial.

Resta, pois, inquestionável, o caráter jurisdicional já atribuído à arbitragem pelo ordenamento pátrio.

2.4 Princípios norteadores da arbitragem

Como ensina José Afonso da Silva, "os princípios são ordenações que se irradiam e imantam os sistemas de normas".[26] Norteiam todo o complexo jurídico, servindo de base para a doutrina e decisões:

> (...) os princípios, que começam por ser a base de normas jurídicas, podem estar positivamente incorporados, transformando-se em normas-princípios e constituindo preceitos básicos da organização constitucional.[27]

No ordenamento pátrio os princípios são divididos em constitucionais e infraconstitucionais. Para Cármen Lúcia Antunes Rocha:

> Os princípios constitucionais são os conteúdos primários diretores do sistema jurídico-normativo fundamental de um Estado. Dotados de originalidade e superioridade material sobre todos os conteúdos que formam o ordenamento constitucional, os valores firmados pela sociedade são transformados pelo Direito em princípios. Adotados pelo constituinte, sedimentam-se nas normas, tornando-se, então, pilares que informam e conformam o Direito que rege as relações jurídicas no Estado. São eles, assim, as colunas mestres da grande construção do Direito, cujos fundamentos se afirmam no sistema constitucional.[28]

Citando Gomes Canotilho, José Afonso Silva[29] explica ainda que os princípios constitucionais são basicamente de duas

---

[26] SILVA, José Afonso da. *Curso de direito constitucional positivo*. São Paulo: Malheiros, 2008. p. 92.
[27] SILVA, José Afonso da. *Curso de direito constitucional positivo*. São Paulo: Malheiros, 2008. p. 92.
[28] ROCHA, Cármen Lúcia Antunes. *Princípios constitucionais da administração pública*. Belo Horizonte: Del Rey, 1994, p. 25.
[29] SILVA, José Afonso da. *Curso de direito constitucional positivo*. São Paulo: Malheiros 2008. p. 93.

categorias: os princípios político-constitucionais e os princípios jurídico-constitucionais. Sendo:

> Princípios político-constitucionais – Constituem-se daquelas decisões políticas fundamentais concretizadas em normas conformadores do sistema constitucional positivo, e são, segundo Crisafulli, normas-princípio, isto é, "normas fundamentais de que derivam logicamente (e em que, portanto, já se manifestaram implicitamente) as normas particulares regulando imediatamente relações específicas da vida social". (...)
> Princípios jurídico-constitucionais – São princípios constitucionais gerais informadores da ordem jurídica nacional. Decorrem de certas normas constitucionais e, não raro, constituem desdobramentos (ou princípios derivados) dos fundamentais, como o princípio da supremacia da constituição e o consequente princípio da constitucionalidade, o princípio da legalidade, o princípio da isonomia, o princípio da autonomeia individual, decorrente da declaração dos direitos, o da proteção social dos trabalhadores, fluinte de declaração dos direitos sociais, o da proteção da família, do ensino e da cultura, o da independência da magistratura, o da autonomia municipal, os da organização partidária, e os chamados princípios garantias (...).

Além de abraçar os princípios constitucionais, a Lei nº 9.307, de 23 de setembro de 1996, Lei de Arbitragem, apresenta arcabouço de princípios norteadores de todo o seu sistema e em perfeita harmonia com Constituição da República Federativa do Brasil de 1988:

> Art. 21. A arbitragem obedecerá ao procedimento estabelecido pelas partes na convenção de arbitragem, que poderá reportar-se às regras de um órgão arbitral institucional ou entidade especializada, facultando-se, ainda, às partes delegar ao próprio árbitro, ou ao tribunal arbitral, regular o procedimento.
> §1º Não havendo estipulação acerca do procedimento, caberá ao árbitro ou ao tribunal arbitral discipliná-lo.
> §2º *Serão, sempre, respeitados no procedimento arbitral os princípios do contraditório, da igualdade das partes, da imparcialidade do árbitro e de seu livre convencimento.* (grifo acrescido).

O princípio do contraditório é insculpido na CF/88,[30] resguardando aos litigantes a participação no processo, entendendo-se o

---

[30] Constituição Federal de 1988. Artigo 5º. (...) *LV – aos litigantes, em processo judicial ou administrativo, e aos acusados em geral são assegurados o contraditório e ampla defesa, com os meios e recursos a ela inerentes;*

direito que possui o indivíduo de tomar conhecimento e contraditar tudo o que é levado pela parte adversa ao processo.[31]

A oportunidade também é garantida no processo arbitral, de maneira que a cada pronunciamento ou prova produzida deva ser concedida à outra parte possibilidade de manifestação.

Em harmonia com o princípio do contraditório, o da igualdade das partes determina paridade entre litigantes, princípio este, disposto no artigo 5º, *caput* da Carta Magna:

> Art. 5º Todos são iguais perante a lei, sem distinção de qualquer natureza, garantindo-se aos brasileiros e aos estrangeiros residentes no País a inviolabilidade do direito à vida, à liberdade, à igualdade, à segurança e à propriedade, nos termos seguintes:

In casu, o contraditório assegura, também, a igualdade das partes no processo, pois equipara, no feito, o direito da acusação com o direito da defesa.[32] O princípio determina que seja dado tratamento igual aos que se encontram em situação equivalente e que sejam tratados de maneira desigual os desiguais, na medida de suas desigualdades.[33]

Os princípios da imparcialidade do árbitro e de seu livre convencimento são intimamente ligados à valoração das provas produzidas no processo. O juiz tem o dever de convencer-se com racionalidade e construir, com liberdade, sua convicção após apreciar os fatos e provas levados a seu conhecimento.

Estão, pois, os princípios do processo arbitral em perfeita consonância com os ditames constitucionais que, no intuito de assegurar a imparcialidade do julgador, apresentam um conjunto de vedações aos juízes e proibição de instauração de tribunal de exceção:

> Art. 5º (...)
> XXXVII – não haverá juízo ou tribunal de exceção;
> (...)

---

[31] VICENTE, Paulo; ALEXANDRINO, Marcelo. *Direito Constitucional Descomplicado*. Rio de Janeiro: Forense, 2009. p. 166.
[32] VICENTE, Paulo; ALEXANDRINO, Marcelo. *Direito Constitucional Descomplicado*. Rio de Janeiro: Forense, 2009. p. 166.
[33] VICENTE, Paulo; ALEXANDRINO, Marcelo. *Direito Constitucional Descomplicado*. Rio de Janeiro: Forense, 2009. p. 110.

Art. 95. Os juízes gozam das seguintes garantias:
I – vitaliciedade, que, no primeiro grau, só será adquirida após dois anos de exercício, dependendo a perda do cargo, nesse período, de deliberação do tribunal a que o juiz estiver vinculado, e, nos demais casos, de sentença judicial transitada em julgado;
II – inamovibilidade, salvo por motivo de interesse público, na forma do art. 93, VIII;
III – irredutibilidade de subsídio, ressalvado o disposto nos arts. 37, X e XI, 39, §4º, 150, II, 153, III, e 153, §2º, I.
Parágrafo único. Aos juízes é vedado:
I – exercer, ainda que em disponibilidade, outro cargo ou função, salvo uma de magistério;
II – receber, a qualquer título ou pretexto, custas ou participação em processo;
III – dedicar-se à atividade político-partidária.
IV – receber, a qualquer título ou pretexto, auxílios ou contribuições de pessoas físicas, entidades públicas ou privadas, ressalvadas as exceções previstas em lei;
V – exercer a advocacia no juízo ou tribunal do qual se afastou, antes de decorridos três anos do afastamento do cargo por aposentadoria ou exoneração.

A Lei de Arbitragem dispõe ainda sobre princípios intrínsecos, que possuem crucial importância para o trabalho em comento. Dá-se especial destaque para o da competência-competência contido no seu art. 8º, que preceitua que "caberá ao árbitro decidir de ofício, ou por provocação das partes, as questões acerca da existência, validade e eficácia da convenção de arbitragem e do contrato que contenha a cláusula compromissória".

O princípio da competência-competência evita que, invocando uma das partes litigantes a falta de competência do tribunal arbitral, seja necessário recorrer ao tribunal judicial para decidir se o direito, objeto da convenção arbitral, é ou não da competência do tribunal arbitral. Este princípio vem sendo aplicado em inúmeras jurisdições, inclusive na Lei Modelo da Comissão das Nações Unidas para o Direito Comercial Internacional – UNCITRAL sobre Arbitragem Comercial Internacional de 2006, que assim dispõe no nº 1 do seu artigo 16:

O tribunal arbitral pode decidir sobre a sua própria competência, incluindo qualquer objecção relativa à existência ou validade do acordo de arbitragem. Para este efeito, uma cláusula compromissória que faça parte de um contrato é considerada como um acordo distinto das outras cláusulas do contrato. A decisão do tribunal arbitral que considere nulo o contrato não implica ipso jure a nulidade da cláusula compromissória.[34]

No mesmo sentido, o Regulamento da Câmara do Comércio Internacional (CCI) de Paris, de 1998, no nº 2 do artigo 6º:

Se o Requerido não apresentar a sua defesa, de acordo com o estabelecido no artigo 5º, ou se uma das partes formular uma ou mais exceções quanto à existência, validade ou escopo da convenção de arbitragem, a Corte poderá decidir, sem prejuízo da admissibilidade da exceção ou das exceções, que arbitragem poderá prosseguir se estiver convencida, *prima facie*, da possível existência de uma convenção de arbitragem conforme o Regulamento. Neste caso, qualquer decisão quanto à jurisdição do Tribunal Arbitral deverá ser tomada pelo próprio tribunal. Se a Corte não estiver convencida dessa possível existência, as partes serão notificadas de que a arbitragem não poderá prosseguir. Neste caso, as partes conservam o direito de solicitar uma decisão de qualquer tribunal competente sobre a existência ou não de uma convenção de arbitragem que as obrigue.[35]

Verifica-se, pois, perfeita adequação da arbitragem e seus procedimentos ao arcabouço jurídico brasileiro.

---

[34] Pode ser visto em: http://www.dgpj.mj.pt/sections/noticias/dgpj-disponibiliza/downloadFile/attachedFile_f0/UNCITRAL_Texto_Unificado.pdf?nocache=1298368366.42. Acesso em: 01 out. 2013.

[35] Pode ser visto em: https://www.google.com.br/?gws_rd=cr&ei=YClLUriFNtai4APU-oGYAw#q=Regulamento+da+C%C3%A2mara+do+Com%C3%A9rcio+Internacional++de+1998. Acesso em: 01 out. 2013.

CAPÍTULO 3

FALÊNCIA

3.1 Breves considerações

As primeiras manifestações de comércio remontam ao Egito de 3300 anos a.c. Contudo, foi no período romano (séc. III a.C a séc. V d.C) que as atividades empresariais se acentuaram em virtude da intensificação da navegação no mar Mediterrâneo.[36]

Assim, tanto o adimplemento como os mecanismos coercitivos a fim de obrigar os devedores a cumprirem suas obrigações são preocupações que sempre perseguiram as mais remotas civilizações.

Inicialmente a responsabilidade para com a obrigação recaía na pessoa do próprio indivíduo, que, na qualidade de devedor, poderia ter sua liberdade ou vida comprometidas.

Longa foi a trajetória da civilização para aperfeiçoar humanamente essa forma de execução patrimonial, pois a regra era, nas civilizações antigas, outorgar ao credor o poder de coagir fisicamente o devedor, à margem da prestação jurisdicional do Estado. O devedor era aprisionado, escravizado e até morto pelo credor caso não pagasse o devido.

A concepção antiga importava em que o corpo do devedor respondesse pelo pagamento de suas dívidas. Na índia, textos do Código de Manu, dão conta de que o credor não satisfeito tinha a faculdade de submeter o devedor ao trabalho escravo, mas sem excessos brutais. Seu débito

---

[36] LIMA, Sérgio Mourão Corrêa. *Comentários à Nova Lei de Falência e Recuperação de Empresas.* Rio de Janeiro: Forense, 2009, introdução.

era acrescido de mais cinco por cento em caso de confissão e de dez por cento se o negasse.[37]

Segundo Requião, já no Direito Romano, a partir da Lei das XII Tábuas se delinearam a execução singular e a execução coletiva, sendo esta de inquestionável contribuição para o instituto brasileiro. O autor ensina ainda que as normas primitivas eram de extrema crueldade e por volta de 441 a.C., com o advento da *Lex Poetelia Papiria*, com maior atuação do magistrado, os bens do devedor, em lugar do próprio corpo, passaram a constituir a garantia dos credores.[38]

> Sentimos nessa dissertação, colhida em vários autores, a real e direta influência que o direito romano exerceu, através das instituições medievais que o acolheram em grande parte, no direito moderno. O desapossamento dos bens do devedor, a concorrência dos credores disputando preferência ou rateio, a arrecadação dos bens postos dos bens postos sob a administração do magister ou curator (síndico), a venda pública dos bens sob a supervisão do magistrado e tantos outros procedimentos, são técnicas de direito substancial e de direito formal, que perduram nos modernos processos de falência.[39]

Segundo Lima foi no período romano (sec. III a.C. a séc. V d.C) que as atividades empresariais se acentuaram. Tanto em virtude da melhor qualidade das vias de transporte terrestre quanto pela intensificação da navegação no mar Mediterrâneo.[40]

Isto posto, a expressão "falência" deriva do italiano *fallere* possuindo como um de seus sinônimos "bancarrota", que provém igualmente da expressão também italiana banco *rotto* (banco quebrado).[41] Segundo Requião (1998), a falência no Período Medieval (a partir do século XIII) revelava a repressão penal como traço característico e não foi fácil o instituto desprender-se de seus vínculos penalistas que se caracterizava pelo axioma *decoctor ergo fraudator*.

---

[37] REQUIÃO, Rubens. *Curso de Direito Falimentar*. São Paulo: Saraiva, 1998, p. 6.
[38] O autor explica que não há precisão na data, mas que a *Lex Poetelia Pariria* aboliu *a manusinfectio*. REQUIÃO, Rubens. *Curso de Direito Falimentar*. São Paulo: Saraiva, 1998, p. 8.
[39] REQUIÃO, Rubens. *Curso de Direito Falimentar*. São Paulo: Saraiva, 1998, p. 10.
[40] LIMA, Sérgio Mourão Corrêa. *Comentários à Nova Lei de Falência e Recuperação de Empresas*. Rio de Janeiro: Forense, 2009, introdução.
[41] LIMA, Sérgio Mourão Corrêa. *Comentários à Nova Lei de Falência e Recuperação de Empresas*. Rio de Janeiro: Forense, 2009, introdução.

A Modernidade apresentou uma era de mais inspiração de ideias humanísticas e liberais. As severas regras impostas no Código Napoleônico de 1807, que exigia intolerância e severidade contra os comerciantes falidos, perderam espaço para novas legislações.

Em 2005, ainda que sujeita a críticas, foi publicada no Brasil a Lei nº 11.101, de 9 de fevereiro de 2005, Lei de Falências, que significou mais um marco na evolução histórica do instituto falimentar.

> A aprovação pela Câmara dos Deputados ocorreu em 2003, com o texto profundamente transfigurado. Aparentemente não se procedeu à adequada triagem das muitas contribuições recebidas de várias fontes ao longo da década em que tramitou naquela Casa, e isso resultou em lamentável desastre. Após dez anos de grande (mas improdutivo) esforço, chegara-se a um texto mal redigido, tecnicamente falho, não sistemático e obscuro.[42]

A natureza jurídica da falência não constitui matéria pacífica. A complexidade de interesses que deságuam no processo falimentar motiva grande discussão acerca da matéria. Duas correntes se dividem quando da determinação de seu escopo. Uma considera que o Direito Falimentar, por meio de regras próprias, busca assegurar a perfeita igualdade entre credores de mesma classe. Outra nega que a *par condicio creditorum* seja o objetivo principal da falência. *In casu*, entende-se que o Estado, através da lei, objetiva a eliminação das empresas econômica e financeiramente arruinadas, em virtude de perturbações e perigos que podem causar ao mercado.[43]

Determinar a natureza jurídica da falência provoca a divisão de opiniões. Alguns entendem como sendo um instituto de direito substancial ou de direito processual, outros a vislumbram como um direito autônomo, com características próprias. Nas palavras de Requião, os próprios processualistas brasileiros não recomendam o tratamento da falência como parte integrante do direito processual. O autor cita parte da conclusão do relatório

---

[42] COELHO, Fábio Ulhoa. *Comentários à Nova Lei de Falências e de Recuperação de Empresas* (Lei n. 11.101, de 9-2-2005). São Paulo: Saraiva, 2005, nota.
[43] REQUIÃO, Rubens. *Curso de Direito Falimentar*. São Paulo: Saraiva, 1998, p. 25.

exarado pelo Professor Eulálio Vidigal em Simpósio realizado em 1958, em Porto Alegre:

> Estamos em que se não deve sugerir ao Congresso Nacional a modificação proposta na tese que ora relatamos. Sempre se discutiu no Brasil a respeito do caráter processual ou substancial da Lei de Falências. Ao tempo da pluralidade dos códigos de processo estaduais, quando os mais autorizados juristas brasileiros sustentavam caber aos Estados, privativamente, legislar sobre processo, nunca se admitiu que o fizessem em matéria falimentar, apesar das inúmeras disposições de processo contidas na Lei de Falências. Juristas, parlamentares e publicistas sempre foram unânimes em reconhecer a impossibilidade, na falência, de separar a parte processual da parte substancial. (...) Como se vê, há um grande número de matérias estritamente processuais reguladas na Lei de Falências. Como, entretanto, o legislador terá de optar por um de dois males, isto é, separar, na falência, a parte material da processual, ou incorporar, na respectiva lei, a parte processual, parece-nos que se deve manter o atual sistema que, apesar de quebrar a unidade de nossa sistemática processual, atende melhor aos objetivos precípuos do instituto, que, constituindo jurisdição graciosa, pode apartar-se das normas comuns do processo civil, que se destinam principalmente à jurisdição contenciosa.[44]

Bonelli assim leciona:

> Necessário, portanto, concluir que o processo falimentar é um processo especial e complexo, que compreende em si atos e estados atinentes com as mais variadas formas do processo geral, mas não se deixa absorver no seu conjunto a nenhum deles. É um processo sui generis, regulado por uma lei própria, na qual o juiz desempenha conjuntamente uma atividade administrativa e judicial, e mais intensamente administrativa que judicial, voluntária e contenciosa.[45]

Sérgio Mourão Corrêa Lima conclui que a consequência maior da falência decorre de sua natureza de execução concursal. Em vez de os credores exigirem o pagamento de seus créditos através de execuções individuais, submeter-se-ão a processo coletivo.[46] Por conseguinte, tais execuções individuais são suspensas e os débitos são relacionados no feito falimentar.

---

[44] REQUIÃO, Rubens. *Curso de Direito Falimentar*. São Paulo: Saraiva, 1998, p. 29.
[45] BONELLI, Gustavo. *Del fallimento*, vol. VIII; *Comentario al codice di commercio*, nº 62 apud REQUIÃO, Rubens. *Curso de Direito Falimentar*. São Paulo: Saraiva, 1998, p. 32.
[46] LIMA, Sérgio Mourão Corrêa. *Comentários à Nova Lei de Falência e Recuperação de Empresas*. Rio de Janeiro: Forense, 2009, p. 5.

3.2 Princípios norteadores da falência

3.2.1 Otimização dos fatores de produção

Segundo Ribeiro e Bertoldi, a Lei Federal nº 11.101, de 09 de fevereiro de 2005, que regula a recuperação judicial, a recuperação extrajudicial e a falência do empresário e da sociedade empresária, a chamada Lei de Falências, apresenta aspectos materiais e processuais. Dessa feita, não está isenta dos princípios gerais que norteiam o processo (civil e penal, guardadas as necessárias especificidades do processo penal). Assim, cabe ressaltar que a imparcialidade do juiz, a instrumentalidade e o contraditório são princípios que permeiam, também, o processo falimentar.[47]

A norma revela ainda que, por questões principiológicas, os ativos estão sujeitos a forte *entity-shielding*,[48] estabelecendo instrumentos de blindagem e promovendo o afastamento do devedor de suas atividades:

> Art. 75. A falência, ao promover o afastamento do devedor de suas atividades, visa a preservar e otimizar a utilização produtiva dos bens, ativos e recursos produtivos, inclusive os intangíveis, da empresa.
> Parágrafo único. O processo de falência atenderá aos princípios da celeridade e da economia processual.

O dispositivo é de crucial importância, pois possibilita a continuação provisória das atividades da empresa e, nesse particular, faz sobressair o caráter social de proteção aos direitos trabalhistas, notadamente quando o fechamento da empresa possa acarretar danos incomensuráveis aos empregados dela dependentes.[49]

---

[47] BERTOLDI, Marcelo M.; RIBEIRO, Márcia Carla Pereira. *Curso Avançado de Direito Comercial*. São Paulo: Revista dos Tribunais, 2009, p. 557.

[48] A expressão, segundo ARMOUR, John; HERTIG, Gerard; KANDA, Hideki, quer dizer "forte blindagem" dos ativos, denotando que os credores pessoais dos credores da empresa não podem apreender os bens desta empresa reivindicados pelos credores, de forma que o valor específico dos ativos possa ser mantido (tradução própria). *The Anatomy of Corporate Law*, Second Edition, Oxford, 2009, p. 122. No original: (...) *strong-form entity shielding: personal creditors of the firm's creditors can no longer seize the corporate assets to which the creditors lay claim, so that the specific value of the assets may be retained.*

[49] ANDRIGHI, Fátima Nancy. In: MOURÃO, Sérgio (Org.). *Comentários à Nova Lei de Falência e Recuperação de Empresas*. Rio de Janeiro: Forense, 2009, p. 494.

Segundo Campinho, nos dizeres de Andrighi a relevância da proteção aos ativos é também econômica:

> Sob a ótica econômica, a continuação do negócio revela-se como medida de prevenção a dano grave ou de difícil reparação, considerando que, em algumas situações, a súbita cessação das atividades empresariais poderá motivar a perda do aviamento ou o dever de indenizar, resultante do não cumprimento de certos contratos, como os de produção e entrega de bens ou produtos, ou, até mesmo, prestação de determinados serviços.

O que se extrai é que o dispositivo legal reflete dois importantes princípios que orientam a Lei de Falências brasileira, quais sejam: manutenção da empresa e maximização dos ativos. *In casu* a meta é afastar o devedor de suas atividades para internalizar o interesse dos credores.[50]

Em princípio, é como reconhecer a incapacidade do devedor de garantir a sobrevida do negócio e, por conseguinte, que os recursos ainda existentes sejam sucateados gerando ainda mais prejuízos para os credores. Pressupõe, pois, o reconhecimento da inaptidão do empresário para atuar no mercado ou realizar a manutenção da atividade.

Assim, o afastamento do empresário de suas atividades, sob o ponto de vista econômico, é medida que se impõe, a fim de que ocorra nova alocação dos fatores de produção, em favor de agentes do mercado que possam assegurar-lhe emprego eficiente e resultados superavitários.[51]

Os atos de liquidação praticados pelo administrador judicial durante o processo falimentar devem, pois, ter como função precípua viabilizar a maior arrecadação possível de recursos financeiros para a satisfação dos credores.

Vale destacar que, a fim de atender um maior número de credores na falência, bem como para aumentar as chances de recuperação da empresa em crise, a Lei de Falências oferece mecanismos para maximizar os ativos, tais como priorizar a venda da empresa em

---

[50] ANDRIGHI, Fátima Nancy. *In*: MOURÃO, Sérgio (Org.). *Comentários à Nova Lei de Falência e Recuperação de Empresas*. Rio de Janeiro: Forense, 2009, p. 495.
[51] PATROCÍNIO, Daniel Moreira do. *Recuperação de empresas e falência* – lei e jurisprudência. Rio de Janeiro: Lumen Juris, 2013, p. 155.

bloco.⁵² No mesmo sentido, a norma permite, em razão dos custos e no interesse da massa falida, aquisição ou adjudicação, de imediato, pelos credores dos bens arrecadados pelo valor da avaliação, atendida a regra de classificação e preferência entre eles, desde que autorizado pelo juiz e ouvido o Comitê,⁵³ hipótese de venda antecipada dos bens perecíveis, deterioráveis, sujeitos a considerável desvalorização ou que sejam em conservação arriscada ou dispendiosa⁵⁴ e permissão de celebrar contratos para gerar renda a partir dos bens da massa.⁵⁵

3.2.2 O princípio da preservação da empresa

Insolvente ou não, inquestionavelmente, a empresa é uma unidade econômica que interage com o mercado, distribuindo bens, serviços, alocando trabalho e oferecendo emprego. Alcança, assim, uma importância social que extrapola os objetivos singulares de alcançar a maximização dos lucros.

---

⁵² Lei de Falências: Art. 140. A alienação dos bens será realizada de uma das seguintes formas, observada a seguinte ordem de preferência: I – alienação da empresa, com a venda de seus estabelecimentos em bloco;
II – alienação da empresa, com a venda de suas filiais ou unidades produtivas isoladamente;
III – alienação em bloco dos bens que integram cada um dos estabelecimentos do devedor;
IV – alienação dos bens individualmente considerados. §1º Se convier à realização do ativo, ou em razão de oportunidade, podem ser adotadas mais de uma forma de alienação. §2º A realização do ativo terá início independentemente da formação do quadro-geral de credores. §3º A alienação da empresa terá por objeto o conjunto de determinados bens necessários à operação rentável da unidade de produção, que poderá compreender a transferência de contratos específicos. §4º Nas transmissões de bens alienados na forma deste artigo que dependam de registro público, a este servirá como título aquisitivo suficiente o mandado judicial respectivo.
⁵³ Lei de Falências: Art. 111. O juiz poderá autorizar os credores, de forma individual ou coletiva, em razão dos custos e no interesse da massa falida, a adquirir ou adjudicar, de imediato, os bens arrecadados, pelo valor da avaliação, atendida a regra de classificação e preferência entre eles, ouvido o Comitê.
⁵⁴ Lei de Falências: Art. 113. Os bens perecíveis, deterioráveis, sujeitos à considerável desvalorização ou que sejam de conservação arriscada ou dispendiosa, poderão ser vendidos antecipadamente, após a arrecadação e a avaliação, mediante autorização judicial, ouvidos o Comitê e o falido no prazo de 48 (quarenta e oito) horas.
⁵⁵ Lei de Falências: Art. 114. O administrador judicial poderá alugar ou celebrar outro contrato referente aos bens da massa falida, com o objetivo de produzir renda para a massa falida, mediante autorização do Comitê.
§1º O contrato disposto no caput deste artigo não gera direito de preferência na compra e não pode importar disposição total ou parcial dos bens. §2º O bem objeto da contratação poderá ser alienado a qualquer tempo, independentemente do prazo contratado, rescindindo-se, sem direito a multa, o contrato realizado, salvo se houver anuência do adquirente.

Daí por que é de suma relevância preservá-la e tentar, a todo custo, buscar sua sobrevida otimizando as relações jurídicas então existentes. Está-se, pois, diante de uma unidade econômica cuja saúde financeira causa impacto social relevante, cujas consequências irão recair, não só sobre trabalhadores, credores, fornecedores, mas, também, sobre toda a cadeia de interdependência com o negócio.

Dessa feita, a doutrina de Fazzio Júnior, que, valendo-se das lições de Jorge Lobo, assevera que o princípio da conservação da empresa parte da constatação de que a empresa representa um valor objetivo de organização que deve ser preservado, pois toda a crise da empresa causa um prejuízo à comunidade.[56]

Para Fazzio Júnior a preservação da empresa não se confunde com a do empresário:

> É bom frisar que a preservação de empresa não significa a preservação do empresário ou dos administradores da sociedade empresária. Proteger a atividade produtiva implica, quase sempre, apartar os reais interesses envolvidos na empresa dos interesses de seus mentores. A separação entre a sorte da empresa e a de seus titulares apresenta-se, às vezes, como o caminho mais proveitoso no sentido de uma solução justa e eficaz para a conjuntura jurídico-econômica da insolvência.[57]

O que se extrai, portanto, é que, ao analisar o objetivo econômico da preservação da empresa, é imprescindível fazer uma ponderação entre os interesses da satisfação dos créditos e o impacto social da insolvência total do negócio que acarretará prejuízo para o próprio devedor, credores e sociedade.

3.2.3 Princípio da universalidade

O juízo universal da falência pressupõe uma unidade com a finalidade de otimizar o processo oferecendo tratamento isonômico aos credores. Segundo Ribeiro e Bertoldi, o princípio da universalidade está na previsão de um só juízo para todas as medidas judiciais, todos

---

[56] FAZZIO JÚNIOR, Waldo. *Lei de falência e recuperação de empresa*. 6. ed. São Paulo: Atlas, 2012, p. 21. Citando LOBO, Jorge Joaquim. *Direito concursal*. Rio de Janeiro: Forense, 1996, p. 6.

[57] FAZZIO JÚNIOR, Waldo. *Lei de falência e recuperação de empresa*. 6. ed. São Paulo: Atlas, 2012, p. 21.

os atos relativos ao devedor empresário – todas as ações e processos estarão na competência do juízo da falência.[58]

Percebe-se, assim, que o princípio da unidade persegue a eficiência do processo, evitando, por exemplo, mais de uma falência, bem como a repetição de atos e contradições nas decisões. Se diferente fosse, seria impossível reunir todo o ativo e todo o passivo contemplando a isonomia entre os credores de uma mesma classe.

O princípio segundo o qual o juízo da falência atrai todas as demandas envolvendo interesses do falido comporta exceções previstas no artigo 76 da Lei de Falências:

> Art. 76. O juízo da falência é indivisível e competente para conhecer todas as ações sobre bens, interesses e negócios do falido, ressalvadas as causas trabalhistas, fiscais e aquelas não reguladas nesta Lei em que o falido figurar como autor ou litisconsorte ativo.
> Parágrafo único. Todas as ações, inclusive as excetuadas no caput deste artigo, terão prosseguimento com o administrador judicial, que deverá ser intimado para representar a massa falida, sob pena de nulidade do processo.

Segundo Patrocínio, as exceções são justificadas nos seguintes termos:

> (...) O crédito tributário não se sujeita à execução concursal instalada pela falência (Código Tributário Nacional, art. 187). O produto apurado com a alienação de bens do falido, em execuções fiscais, será arrecadado pelo administrador e o pagamento será realizado aos credores de acordo com a ordem de preferência legal (extraconcursais, créditos trabalhistas, credores com garantia real, credores fiscais, etc.)
> Da mesma forma, os credores trabalhistas deverão, perante a justiça especializada, buscar a apuração de seu crédito para, somente após seu conhecimento e liquidação, pleitear sua satisfação perante o juízo da falência.[59]

Verifica-se, além do que, como será demonstrado, que o instituto da arbitragem, do mesmo modo, constitui exceção à *vis attractiva* do juízo universal da falência, podendo haver a tramitação concomitante de ações perante o juízo falimentar e procedimentos arbitrais.

---

[58] BERTOLDI, Marcelo M.; RIBEIRO, Márcia Carla Pereira. *Curso Avançado de Direito Comercial.* São Paulo: Revista dos Tribunais, 2009, p. 557.
[59] PATROCÍNIO, Daniel Moreira do. *Recuperação de empresas e falência* – lei e jurisprudência. Rio de Janeiro: Lumen Juris, 2013, p. 159.

Assim, apesar das ações continuarem tramitando perante outros juízos, em todas elas o administrador judicial assumirá o polo no qual figurava o devedor falido.

3.2.4 Princípio do *par conditio creditorum*

Garantir o *par conditio creditorum* é um dos mecanismos de proteção dos credores, os quais estão contidos na legislação falimentar e no art. 76 da Lei de Falências, que prevê o juízo falimentar como sendo universal, estabelecendo sua *vis attractiva*.

Segundo Bertoldi e Ribeiro, o princípio é uma herança da antiguidade romana:

> Foi no direito romano que herdamos o *concursus creditorum*, com a existência de um conjunto de regras de direito material e processual que trata da insolvência do devedor e do chamamento de credores, para que todos possam estar numa mesma condição e gozar de isonômicos critérios quando da partilha dos bens existentes, que, como regra, não serão suficientes à satisfação integral de todos eles.[60]

Andrighi ensina que é necessário um único juízo como competente para o conhecimento e julgamento das ações patrimoniais propostas contra a massa (*vis attractiva*) para que se possibilite a efetivação do princípio segundo o qual são todos credores sujeitos a esse juízo, em condição de igualdade (*par conditio creditorum*).

> Essas regras, em conjunto, têm como finalidade: (i) impedir que sejam declaradas tantas falências em juízos diferentes quantos sejam os estabelecimentos do devedor; e (ii) evitar a dispersão de ações de caráter patrimonial a serem propostas contra a massa falida, submetendo todas a critério único de julgamento.[61]

Essa busca pela proporcionalidade significa respeitar as particularidades que a própria lei atribui a cada um. Conforme Fazzio Júnior,

---

[60] BERTOLDI, Marcelo M.; RIBEIRO, Márcia Carla Pereira. *Curso Avançado de Direito Comercial*. São Paulo: Revista dos Tribunais, 2009, p. 535.

[61] ANDRIGHI, Fátima Nancy. *Comentários à Nova Lei de Falência e Recuperação de Empresas*. Rio de Janeiro: Forense, 2009, p. 499.

"cada crédito deve observar o sítio que a lei lhe reserva na classificação geral, assegurando-se, de modo decisivo, que a índole preferencial de alguns seja efetivamente observada".[62]

Dessa feita, o princípio do *par conditio creditorum* busca o entendimento de que, quando o patrimônio da empresa não é suficiente para satisfazer a todos os credores, é imprescindível estabelecer mecanismos que impeçam a execução individual em claro prejuízo para os menos diligentes.

3.3 As três fases do processo falimentar

A falência é um "processo coletivo" que pode ser dividido em três fases: i) fase pré-falimentar; ii) fase falimentar propriamente dita; e iii) fase pós-falimentar. Segundo Lima, seriam assim dispostas:

> Primeira: que antecede a declaração da falência;
> Segunda: que intermedeia a declaração e a extinção da falência; e
> Terceira: que sucede a extinção da falência.[63]

Prossegue o autor citado dispondo que a fase que antecede a declaração da falência é marcada pelo requerimento de falência cujas pessoas legitimadas são: os credores, o próprio empresário individual ou sociedade empresária e os sócios de sociedade empresária.

> Após o regular processamento do requerimento de quebra, que inclui a instrução probatória, o Juízo pode declarar aberto o processo falimentar, reconhecendo a insolvência efetiva (autofalência – art. 105), a insolvência presumida (requerida por credor – art. 98, I e II) ou a conduta fraudulenta (pedida por credor ou por sócio – art. 98, III) do empresário: individual ou sociedade.[64]

A partir da quebra, surge a massa falida, ente despersonificado, representado pelo administrador judicial, sendo aquela formada

---

[62] FAZZIO JÚNIOR, Waldo. *Lei de falência e recuperação de empresa*. 6. ed. São Paulo: Atlas, 2012, p. 19.
[63] LIMA, Sérgio Mourão Corrêa. *Comentários à Nova Lei de Falência e Recuperação de Empresas*. Rio de Janeiro: Forense, 2009, p. 6.
[64] LIMA, Sérgio Mourão Corrêa. *Comentários à Nova Lei de Falência e Recuperação de Empresas*. Rio de Janeiro: Forense, 2009, p. 15.

pela coletividade de credores (aspecto subjetivo) e pelo conjunto de bens do empresário (aspecto objetivo).

Em decorrência do impedimento do falido para a prática da empresa e para a disposição de seu patrimônio, o empresário é substituído pela massa falida em todas as ações das quais tomava parte, exceto o processo falimentar, seus incidentes e as ações relacionadas à quebra.[65]

A prolação da sentença dá início à fase de administração, que é assinalada por três providências: verificação do passivo, arrecadação e avaliação do ativo e apuração da prática de crimes falimentares.[66]

Por fim, a etapa de liquidação abarcando, principalmente, a realização dos ativos, o pagamento do passivo, a eventual devolução de sobra e a competente prestação de contas.

---

[65] LIMA, Sérgio Mourão Corrêa. *Comentários à Nova Lei de Falência e Recuperação de Empresas.* Rio de Janeiro: Forense, 2009, p. 15.
[66] LIMA, Sérgio Mourão Corrêa. *Comentários à Nova Lei de Falência e Recuperação de Empresas.* Rio de Janeiro: Forense, 2009, p. 18.

CAPÍTULO 4

A FALÊNCIA E O PROCEDIMENTO ARBITRAL

4.1 Considerações iniciais

O volume e lentidão no julgamento de toda uma complexidade de questões levadas à justiça são apontados como graves entraves na solução de conflitos. Para Garcez o crescimento de demandas judiciais atinge enorme proporção, ocorrendo praticamente entre todos os países.

> Esta maior demanda de jurisdição esbarra, porém, no congestionamento já crônico dos sistemas judiciários internos da maioria dos Estados. Existe uma crise no setor, que se mostra extraordinariamente lento em face da maior litigiosidade dos povos e incapaz de solucionar, de forma adequada, as questões a ele submetidas.[67]

Segundo o Conselho Nacional de Justiça, dados do "Relatório Justiça em Números 2015" revelam que 99,7 (noventa e nove vírgula sete) milhões de processos tramitaram no Judiciário brasileiro.[68] Com o instituto da falência o fenômeno não é diferente. O processo falimentar é uma busca coletiva para a execução de créditos vencidos ou vincendos em razão da quebra, e sua apreciação pelo Judiciário enfrenta as mesmas dificuldades.

---

[67] GARCEZ, José Maria Rossani. Coord. *A Arbitragem na era da Globalização*. Coletânea de Artigos de autores brasileiros e estrangeiros. Rio de Janeiro: Forense, 1999, p. 2.
[68] Disponível em: http://www.cnj.jus.br/programas-e-acoes/politica-nacional-de-priorizacao-do-1-grau-de-jurisdicao/dados-estatisticos-priorizacao. Acesso em: 23 maio 2017.

E é inconteste o entendimento do quão prejudicial é o instituto da falência, tanto para o falido como para credores, empregados, dentre outros. O impacto social é ainda agravado com a morosidade e a falta de conhecimento técnico pelo Judiciário. E é nesse mesmo cenário que a arbitragem constitui importante instrumento alternativo na busca pela justiça.

Nos moldes do estudo elaborado por Selma Ferreira Lemes, intitulado a "Arbitragem em Números e Valores", o número de procedimentos realizados nas cinco principais câmaras de arbitragem do país aumentou, em uma década, quase dez vezes.

Segundo a autora, no primeiro ano da pesquisa, em 2010, as arbitragens entrantes perfaziam o total de R$ 2,8 (dois vírgula oito) bilhões de valores envolvidos. Em 2013, o montante foi para R$ 4,8 (quatro vírgula oito) bilhões, repartidos em 188 (cento e oitenta e oito) procedimentos entrantes.[69]

Como elucida Marcelo Vilela, a arbitragem ganhou espaço na solução de conflitos societários, passando a ser a opção precípua dos segmentos de listagens especiais da bolsa de valores:

> Se entre os comerciantes a arbitragem apresenta-se como um instrumento em consonância com a dinamicidade do mercado, também no âmbito das sociedades comerciais, em seus conflitos internos, o procedimento arbitral se mostra eficaz para que se dê respostas aos conflitos societários, devendo cada vez mais ser utilizado. E assim, ao menos que se depare com uma relutância dos operadores do direito, fundada na falta de conhecimento do instituto, há um ambiente propício para a crescente adoção da arbitragem na solução dos conflitos societários.[70]

A arbitragem é um meio jurídico de solução de controvérsias, presentes ou futuras, baseado na vontade das partes envolvidas, as quais elegem os árbitros para serem os "juízes" da controvérsia, "confiando-lhes a missão de decidir de forma obrigatória o litígio" através da prolação de um laudo (sentença) arbitral.[71]

---

[69] Disponível em: http://selmalemes.adv.br/artigos/An%C3%A1lise%20da%20Pesquisa%20Arbitragem%20em%20N%C3%BAmeros%20-2010-2013.pdf. Acesso em: 05 ago. 2016.

[70] VILELA, Marcelo Dias Gonçalves. *Arbitragem no direito societário brasileiro*: extensão e limites da cláusula compromissória. Dissertação de Mestrado, UFMG, 2001, p. 73.

[71] ARAÚJO, Nádia de. Arbitragem – A Nova Lei Brasileira e a Praxe Internacional, São Paulo: LTr, 1997, p. 91, por LIMA, Sérgio Mourão Corrêa. *Convenção de Arbitragem*. Tese Doutorado – UFMG. 2001. p. 17.

Como já exarado, o Código de Processo Civil de 2015,[72] Lei nº 13.105, sugeriu uma nova concepção acerca da "jurisdição", estimulando a solução consensual de conflitos e reconhecendo textualmente a possibilidade da arbitragem (na forma da lei).

4.2 A falência e a arbitrabilidade objetiva e subjetiva

O artigo 1º da Lei de Arbitragem dispõe que "as pessoas capazes de contratar poderão valer-se da arbitragem para dirimir litígios relativos a direitos patrimoniais disponíveis". Veja-se que o dispositivo impõe uma reflexão sobre a arbitrabilidade subjetiva e objetiva dos casos envolvendo a massa falida, desenvolvendo dois critérios para atribuir a validade da convenção de arbitragem, quais sejam: capacidade e disponibilidade patrimonial.

A arbitrabilidade subjetiva diz respeito, nesse caso, à capacidade da massa falida de contratar. A capacidade é, consoante o art. 1º do Código Civil (Lei nº 10.406, de 10 de janeiro de 2002),[73] genericamente estabelecida como a aptidão da pessoa para ser titular de um direito. Segundo Francisco José Cahali, a titularidade do direito difere de seu exercício. Para o exercício dos direitos, a lei estabelece restrições em razão da idade, da falta de discernimento e ainda prodigalidade,[74] conforme dispõem os artigos 3º e 4º do diploma civil:

> Art. 3º São absolutamente incapazes de exercer pessoalmente os atos da vida civil os menores de 16 (dezesseis) anos.
> Art. 4º São incapazes, relativamente a certos atos ou à maneira de os exercer:
> I – os maiores de dezesseis e menores de dezoito anos;
> II – os ébrios habituais e os viciados em tóxico;
> III – aqueles que, por causa transitória ou permanente, não puderem exprimir sua vontade;
> IV – os pródigos.

---

[72] Art. 3º Não se excluirá da apreciação jurisdicional ameaça ou lesão a direito.
§1º É permitida a arbitragem, na forma da lei.
§2º O Estado promoverá, sempre que possível, a solução consensual dos conflitos.
§3º A conciliação, a mediação e outros métodos de solução consensual de conflitos deverão ser estimulados por juízes, advogados, defensores públicos e membros do Ministério Público, inclusive no curso do processo judicial.
[73] Lei nº 10.406/2002 – Art. 1º Toda pessoa é capaz de direitos e deveres na ordem civil.
[74] CAHALI, Francisco José. *Curso de arbitragem*. São Paulo: Revista dos Tribunais, 2013, p. 101.

Parágrafo único. A capacidade dos indígenas será regulada por legislação especial.

O autor elucida ainda que, mesmo sendo entes despersonalizados, massa falida, espólio e condomínios (de edifícios) podem ser partes em procedimentos arbitrais, pois têm capacidade de contratar e, assim, ser parte e estar em juízo.[75] Nesse sentido, o artigo 70 do Código de Processo Civil, Lei nº 13.105/2015, que prevê que "toda pessoa que se encontre no exercício de seus direitos tem capacidade para estar em juízo", bem como o artigo 1º da Lei de Arbitragem, ao dispor que "as pessoas capazes de contratar poderão valer-se da arbitragem para dirimir litígios relativos a direitos patrimoniais disponíveis".

Para atender à arbitrabilidade objetiva, exige-se que o objeto do litígio envolva um direito patrimonial disponível, como dispõe a literalidade da Lei de Arbitragem conforme já destacado. Para Francisco José Cahali a disponibilidade do direito se refere à possibilidade de seu titular ceder, de forma gratuita ou onerosa, estes direitos sem qualquer restrição.

> Logo, necessário terem as partes o poder de autorregulamentação dos interesses submetidos à arbitragem, podendo dispor sobre eles pelas mais diversas formas dos negócios jurídicos; são, pois, interesses individuais, passíveis de negociação, ou seja, podem ser livremente exercidos pela parte.[76]

O que se observa é que o argumento de que a incidência da Lei de Falências geraria tanto a incapacidade da massa falida no juízo arbitral como a indisponibilidade dos bens vem sendo afastado pela doutrina e jurisprudência.

A indisponibilidade patrimonial não deve ter como foco o seu detentor, mas antes a sua própria natureza. O que se extrai é que a matéria levada à arbitragem é que deve versar sobre direito patrimonial e de caráter disponível.

Vale atentar-se, além do mais, para as disposições do artigo 103 da Lei de Falências. *In verbis*:

---

[75] CAHALI, Francisco José. *Curso de arbitragem*. São Paulo: Revista dos Tribunais, 2013, p. 102.
[76] CAHALI, Francisco José. *Curso de arbitragem*. São Paulo: Revista dos Tribunais, 2013, p. 103.

Art. 103. Desde a decretação da falência ou do sequestro, o devedor perde o direito de administrar os seus bens ou deles dispor.
Parágrafo único. O falido poderá, contudo, fiscalizar a administração da falência, requerer as providências necessárias para a conservação de seus direitos ou dos bens arrecadados e intervir nos processos em que a massa falida seja parte ou interessada, requerendo o que for de direito e interpondo os recursos cabíveis.

Veja-se que o dispositivo faz referência, tão somente, à indisponibilidade dos bens do devedor e não da massa falida representada pelo administrador judicial. É o que ensina Paulo Fernando Campos Salles:

> É o falido, pois, que não pode dispor de seus bens. Mas esta restrição, obviamente, não se estende à massa, uma vez que a realização dos ativos arrecadados é fase essencial do processo falimentar. Em qualquer liquidação, inclusive na falência, vendem-se os bens e, com o produto dessa venda, pagam-se os credores. De tudo se depreende que a decretação da falência não é óbice ao prosseguimento da arbitragem.[77]

A matéria está sendo cautelosamente enfrentada pelo Judiciário, especialmente pelo Tribunal de Justiça de São Paulo. O Desembargador Pereira Calças, no Agravo de Instrumento nº 531.020-4/3-00,[78] proferiu decisão afirmando a inexistência da *vis*

---

[77] TOLEDO, Paulo Fernando Campos Salles de. Arbitragem e insolvência. *In: Revista de Arbitragem e Mediação*, ano 6, p. 25-52, jan./mar 2009.
[78] EMENTA: AGRAVO DE INSTRUMENTO. FALÊNCIA. IMPUGNAÇÃO JUDICIAL OBJETIVANDO HABILITAÇÃO DE CRÉDITO FUNDAMENTADO EM SENTENÇA ARBITRAL. CLÁUSULA COMPROMISSÓRIA PACTUADA EM CONTRATO DE CONSTRUÇÃO DE EDIFÍCIO FIRMADO ENTRE AS PARTES. INADIMPLEMENTO CONTRATUAL GERADOR DE RESOLUÇÃO DO CONTRATO E FORMULAÇÃO DE DEMANDA PERANTE A CÂMARA DE ARBITRAGEM. Posterior decretação da falência da demandada. Intervenção do Administrador Judicial da Massa Falida no procedimento arbitral, com alegação de incompetência do Juízo Arbitral, em face da falta de capacidade processual da falida e indisponibilidade dos bens da devedora, com base no artigo 25, da Lei nº 9.307/96, sustentando dever a demanda ser atraída para o Juízo Universal da Falência. Prosseguimento da demanda arbitral com condenação da devedora na indenização fixada pela Câmara de Arbitragem. Aplicabilidade do artigo 6º, §1º, da Lei nº 11.101/2005, eis que, versando a demanda sobre quantia ilíquida, o processo não é suspenso em virtude da falência da devedora, inexistindo a "vis attractiva" do art. 76, "caput", devendo o procedimento arbitral prosseguir com o administrador judicial que representará a massa falida, sob pena de nulidade. Inaplicabilidade do artigo 117 à convenção de arbitragem. Inexistência de previsão legal de intervenção do Ministério Público nas demandas arbitrais em que a massa falida seja parte, especialmente sob a óptica do veto ao artigo 4º, da Lei nº 11.101/2005, que não manteve norma similar ao artigo 210 do Decreto-lei nº 7.661/45. Legitimidade da inclusão do crédito reconhecido no

attractiva do juízo falimentar, entendendo que não há qualquer óbice ao prosseguimento de procedimento arbitral derivado de cláusula compromissória válida e eficazmente pactuada, em virtude de superveniente decreto de falência de uma das partes. A cláusula compromissória é contrato autônomo, cuja validade e eficácia devem ser apreciadas no momento da sua celebração, de acordo com os critérios objetivo e subjetivo previstos no art. 1º da Lei 9.307/1996,[79] que dizem respeito à capacidade e indisponibilidade de bens. Veja-se um fragmento do julgado:

> Em que pese o respeito à argumentação adotada, mesmo considerando-se que no processo de falência há interesses da coletividade dos credores do devedor comum, não se entrevê qualquer impedimento ao cumprimento de convenção de arbitragem pactuada anteriormente à decretação da falência, em cláusula prevista no contrato firmado por pessoas jurídicas, regularmente constituídas e apresentadas na forma de seus atos constitutivos, com plena capacidade negocial e tendo por objeto direitos patrimoniais disponíveis, conforme estabelece o artigo 1o, da Lei nº 9 307, de 1996
>
> Outrossim, é correta a assertiva do ilustre magistrado de que decretada a falência, o devedor perde o direito de administrar seus bens ou deles dispor, na dicção expressa do artigo 103 da Lei nº 11 101/2005 No entanto, disso não resulta que a indisponibilidade dos bens, interesses e direitos envolvidos no processo de falência, acarrete a aplicação do artigo 25 da Lei nº 9 307/96 à convenção de arbitragem anteriormente pactuada, eis que, caberá à Massa Falida, representada pelo Administrador Judicial, praticar todos os atos conservatórios de direitos e ações, consoante prevê o artigo 22, inciso III, alínea I, da Lei de Recuperação de Empresas e Falências.
>
> Além disso, não procede a afirmativa da decisão recorrida no sentido de que, decretada a quebra, deveria haver a imediata suspensão do procedimento arbitrai, eis que, versando a demanda sobre quantia ilíquida, incide no caso o artigo 6o, §1º, da Lei nº 11 101/2005, que afasta a suspensão das ações movidas contra o devedor, prevista no "caput" do referido dispositivo legal, ao determinar que "terá prosseguimento no juízo no qual estiver se processando a ação que demandar quantia

---

Tribunal Arbitral no Quadro-Geral de Credores da falida, pelo valor determinado no juízo arbitral, limitada a atualização monetária e os juros até a data do decreto da quebra, a teor dos artigos 9º, inciso II e 124, ambos, da Lei nº 11.101/2005. Agravo parcialmente provido para ser deferida a impugnação e a habilitação do crédito da agravante, observados os limites acima estabelecidos.

[79] VIEIRA, Maíra de Melo. A obrigatoriedade da cláusula compromissória em caso de litígios envolvendo empresas sujeitas a processos de falência ou recuperação – Comentários ao Agln 658.014-4/2-00 do TJSP. In: *Revista de Arbitragem e Mediação*, São Paulo, ano 8, vol. 28, p. 303-314, jan./mar. 2011.

ilíquida", cumprindo apenas que se observe o artigo 76, parágrafo único, da Lei de Recuperação de Empresas e Falências, "todas as ações, inclusive as excetuadas no 'caput' deste artigo, terão prosseguimento com o administrador judicial, que deverá ser intimado, sob pena de nulidade do processo".[80]

A inexistência da *vis attractiva* do juízo falimentar foi, da mesma forma, apreciada pelo Superior Tribunal de Justiça, em voto proferido pela Ministra Nancy Andrighi, em 2013, no Recurso Especial nº 1277725/AM.[81] Na oportunidade, a controvérsia era se o pedido de falência, fundamentado no inadimplemento de títulos de crédito,

---

[80] A ementa: AGRAVO DE INSTRUMENTO. FALÊNCIA. IMPUGNAÇÃO JUDICIAL OBJETIVANDO HABILITAÇÃO DE CRÉDITO FUNDAMENTADO EM SENTENÇA ARBITRAL. CLÁUSULA COMPROMISSÓRIA PACTUADA EM CONTRATO DE CONSTRUÇÃO DE EDIFÍCIO FIRMADO ENTRE AS PARTES. INADIMPLEMENTO CONTRATUAL GERADOR DE RESOLUÇÃO DO CONTRATO E FORMULAÇÃO DE DEMANDA PERANTE A CÂMARA DE ARBITRAGEM. Posterior decretação da falência da demandada. Intervenção do Administrador Judicial da Massa Falida no procedimento arbitral, com alegação de incompetência do Juízo Arbitral, em face da falta de capacidade processual da falida e indisponibilidade dos bens da devedora, com base no artigo 25, da Lei nº 9.307/96, sustentando dever a demanda ser atraída para o Juízo Universal da Falência. Prosseguimento da demanda arbitral com condenação da devedora na indenização fixada pela Câmara de Arbitragem. Aplicabilidade do artigo 6º, §1º, da Lei nº 11.101/2005, eis que, versando a demanda sobre quantia ilíquida, o processo não é suspenso em virtude da falência da devedora, inexistindo a "vis attractiva" do art. 76, "caput", devendo o procedimento arbitral prosseguir com o administrador judicial que representará a massa falida, sob pena de nulidade. Inaplicabilidade do artigo 117 à convenção de arbitragem. Inexistência de previsão legal de intervenção do Ministério Público nas demandas arbitrais em que a massa falida seja parte, especialmente sob a óptica do veto ao artigo 4º, da Lei nº 11.101/2005, que não manteve norma similar ao artigo 210 do Decreto-lei nº 7.661/45. Legitimidade da inclusão do crédito reconhecido no Tribunal Arbitral no Quadro-Geral de Credores da falida, pelo valor determinado no juízo arbitral, limitada a atualização monetária e os juros até a data do decreto da quebra, a teor dos artigos 9º, inciso II e 124, ambos, da Lei nº 11.101/2005. Agravo parcialmente provido para ser deferida a impugnação e a habilitação do crédito da agravante, observados os limites acima estabelecidos. Agln 531.020-4/3-00. *DJ.* 25.06.2008
[81] EMENTA: DIREITO PROCESSUAL CIVIL E FALIMENTAR. RECURSO ESPECIAL. EMBARGOS DE DECLARAÇÃO. OMISSÃO, CONTRADIÇÃO OU OBSCURIDADE. NÃO OCORRÊNCIA. PEDIDO DE FALÊNCIA. INADIMPLEMENTO DE TÍTULOS DE CRÉDITO. CONTRATO COM CLÁUSULA COMPROMISSÓRIA. INSTAURAÇÃO PRÉVIA DO JUÍZO ARBITRAL. DESNECESSIDADE.
1- Ausentes os vícios do art. 535 do CPC, rejeitam-se os embargos de declaração.
2- A convenção de arbitragem prevista em contrato não impede a deflagração do procedimento falimentar fundamentado no art. 94, I, da Lei n. 11.101/05.
3- A existência de cláusula compromissória, de um lado, não afeta a executividade do título de crédito inadimplido. De outro lado, a falência, instituto que ostenta natureza de execução coletiva, não pode ser decretada por sentença arbitral. Logo, o direito do credor somente pode ser exercitado mediante provocação da jurisdição estatal.
4- Admite-se a convivência harmônica das duas jurisdições – arbitral e estatal –, desde que respeitadas as competências correspondentes, que ostentam natureza absoluta. Precedente.
5- Recurso especial não provido.

prescinde de anterior instauração do juízo arbitral, na hipótese de o contrato que os originou conter cláusula compromissória:

> No particular, verifica-se que as partes celebraram um contrato de prestação de serviços que deu ensejo à emissão de diversas duplicatas, as quais, segundo alega a recorrida, não foram adimplidas.
> O inadimplemento, como é cediço, serve de base tanto para dar início a um processo de execução por quantia certa quanto para fundamentar um pedido de falência (arts. 580 do CPC e 94, I, da Lei nº 11.101/05), sendo certo que a executividade de um título de crédito não é afetada pela convenção de arbitragem.
> Vale ressaltar que, tratando-se de pedido de falência, a demonstração, pelo autor, da provável insolvência do réu é suficiente para configuração de seu interesse processual.
> Nessa medida, impõe-se concluir de que a convenção de arbitragem não constitui causa impeditiva da deflagração do procedimento falimentar perante o Judiciário, cujo objetivo – execução concursal do patrimônio do devedor -, conforme já analisado, sequer poderia ser satisfeito por meio do procedimento arbitral.
> (...)
> Diante do que foi exposto, claro está que é perfeitamente admissível a convivência harmônica das duas jurisdições, desde que respeitadas as competências correspondentes, que ostentam natureza absoluta.[82]

O que se observa é que, sem previsão normativa expressa, o Judiciário está, lentamente, manifestando-se no sentido de que a convenção de arbitragem prevista em contrato não impede a deflagração de um procedimento falimentar.

A possibilidade da manutenção da arbitragem, mesmo diante de um processo falimentar, ainda é bastante controvertida nas

---

[82] A ementa: DIREITO PROCESSUAL CIVIL E FALIMENTAR. RECURSO ESPECIAL. EMBARGOS DE DECLARAÇÃO. OMISSÃO, CONTRADIÇÃO OU OBSCURIDADE. NÃO OCORRÊNCIA. PEDIDO DE FALÊNCIA. INADIMPLEMENTO DE TÍTULOS DE CRÉDITO. CONTRATO COM CLÁUSULA COMPROMISSÓRIA. INSTAURAÇÃO PRÉVIA DO JUÍZO ARBITRAL. DESNECESSIDADE.
1- Ausentes os vícios do art. 535 do CPC, rejeitam-se os embargos de declaração.
2- A convenção de arbitragem prevista em contrato não impede a deflagração do procedimento falimentar fundamentado no art. 94, I, da Lei n. 11.101/05.
3- A existência de cláusula compromissória, de um lado, não afeta a executividade do título de crédito inadimplido. De outro lado, a falência, instituto que ostenta natureza de execução coletiva, não pode ser decretada por sentença arbitral. Logo, o direito do credor somente pode ser exercitado mediante provocação da jurisdição estatal.
4- Admite-se a convivência harmônica das duas jurisdições – arbitral e estatal –, desde que respeitadas as competências correspondentes, que ostentam natureza absoluta. Precedente.
5- Recurso especial não provido (REsp 1277725/AM, Rel. Ministra NANCY ANDRIGHI, TERCEIRA TURMA, DJ 18.03.2013).

legislações de diversos países, sendo encontrada certa diversidade de entendimentos.

No ordenamento espanhol, Lei de Falências nº 22/2003, até 20 de março de 2011, a decretação da falência implicava suspensão do processo, não possibilitando qualquer simultaneidade com a arbitragem:

> Artigo 52. O processo de arbitragem.
> 1. As convenções de arbitragem firmadas pelo devedor serão nulas e sem efeito durante o processo de falência, sem prejuízo das disposições dos tratados internacionais[83] (tradução própria).

Com a reforma na legislação falimentar da Espanha, o artigo 52 destacado recebeu nova redação, e a decretação da falência, por si só, passou a não implicar comprometimento dos acordos de mediação:

> Artigo 52. O processo de arbitragem.
> 1. A declaração de insolvência, por si só, não afeta as cláusulas de acordos de mediação ou de arbitragem celebrado pelo devedor insolvente. Quando o tribunal entender que tais pactos ou acordos poderiam comprometer o processo de falência, poderá determinar a suspensão dos seus efeitos, sem prejuízo das disposições contidas nos tratados internacionais (tradução própria).[84]

A tendência também é observada em outros países. A Suprema Corte da Suécia já tinha se manifestado nos mesmos

---

[83] No original:
Artículo 52. Procedimientos arbitrales.
1. Los convenios arbitrales en que sea parte el deudor quedarán sin valor ni efecto durante la tramitación del concurso, sin perjuicio de lo dispuesto en los tratados internacionales.
2. Los procedimientos arbitrales en tramitación al momento de la declaración de concurso se continuarán hasta la firmeza del laudo, siendo de aplicación las normas contenidas en los apartados 2 y 3 del artículo anterior. Disponível em: https://www.boe.es/buscar/act.php?id=BOE-A-2003-13813&b=80&tn=1&p=20030710#a52. Acesso em: 17 fev. 2017.

[84] No original: *Artículo 52. Procedimientos arbitrales.*
1. La declaración de concurso, por sí sola, no afecta a los pactos de mediación ni a los convenios arbitrales suscritos por el concursado. Cuando el órgano jurisdiccional entendiera que dichos pactos o convenios pudieran suponer un perjuicio para la tramitación del concurso podrá acordar la suspensión de sus efectos, todo ello sin perjuicio de lo dispuesto en los tratados internacionales.
2. Los procedimientos arbitrales en tramitación al momento de la declaración de concurso se continuarán hasta la firmeza del laudo, siendo de aplicación las normas contenidas en los apartados 2 y 3 del artículo anterior. Disponível em: https://www.boe.es/buscar/act.php?id=BOE-A-2003-13813&b=80&tn=1&p=20110521#a52 Acesso em: 17 fev. 2017.

termos em 1913, quando estabeleceu que o credor poderia requerer a instauração de procedimento arbitral, ainda que o procedimento falimentar estivesse pendente de julgamento. Com o grande lapso de tempo, em 1993 e, depois em 2003, a Suprema Corte analisou novamente a matéria:

> A Suprema Corte dispôs que o entendimento predominante é de que a Massa Falida é vinculada à cláusula compromissória constante de contrato celebrado entre as partes antes da decretação da quebra, se o conflito envolve questão sobre a qual o devedor poderia transigir na falência subsequente. A Suprema Corte aduziu, ainda, que a Massa Falida, por outro lado, não está vinculada à cláusula compromissória quando o conflito envolve matéria sobre a qual ele não teria a mesma disponibilidade, por exemplo, se alguma habilitação possui garantia real na falência. No caso de 1993, a massa falida não foi considerada vinculada pela convenção de arbitragem já que a regra relevante na legislação empresarial sueca relativamente à atribuição ilegal de lucro foi considerada regra para a proteção dos credores. O tribunal considerou que o assunto em questão, sobre uma indenização referente a esta regra tinha uma ligação sistemática com direitos reais. Finalmente, em um caso importante decidido pelo Supremo Tribunal em 2003, um conflito tinha surgido em relação a uma reclamação contra a massa falida de uma companhia de seguros. O conflito foi submetido à arbitragem por parte dos credores com base em convenção arbitral constante de um acordo entre os credores e o devedor. A massa falida opôs e argumentou que o pedido deveria ser submetido ao juízo falimentar, de acordo com um processo por reivindicações disputadas em falência estipulado pela lei sueca de falência. No entanto, após uma análise dos casos acima mencionados, a Suprema Corte decidiu a favor dos credores. A massa falida foi, portanto, também vinculada pela convenção de arbitragem celebrada pelo devedor antes de ter sido declarada falida (tradução própria).[85]

---

[85] No original: *The Supreme Court stated that the predominant opinion seems to be that an estate is bound by an arbitration clause in an agreement that the debtor and the opposing party entered into before the bankruptcy, if the dispute concerns a question on which the debtor would be free to make an agreement with binding effect in a subsequent bankruptcy. The court further stated that the estate, on the other hand, is not bound by an arbitration clause when the dispute concerns a matter over which the debtor would have no such right of disposal, for instance, whether a certain claim enjoys protection in the bankruptcy. In the 1993 case, the bankruptcy estate was not deemed to be bound by the arbitration agreement since the relevant rule in the Swedish Companies Act regarding unlawful allocation of profit is a rule for the protection of creditors. The court found that the issue at hand, regarding a refund under this rule had a systematic and close connection to a conflict regarding in rem rights. Finally, in an important case decided by the Supreme Court in 2003, a dispute had arisen with regard to a claim against the bankruptcy estate of an insurance company. The dispute was referred to arbitration by the creditors under an arbitration agreement contained in an agreement between the creditors and the debtor. The bankruptcy estate objected and argued that the claim should be decide before the bankruptcy court in accordance with proceedings for disputed*

De acordo com Eric Boryzewicz, Jean-Pierre Harb e Lobier Christophe, a legislação francesa já privilegia a jurisdição estatal:

> Embora o direito francês seja conhecido por ser particularmente favorável à arbitragem, em matéria de falência, o recurso à arbitragem cede, no entanto, à exclusiva jurisdição dos tribunais franceses. A competência exclusiva dos tribunais de falência estende-se a quaisquer litígios decorrentes de processos de insolvência e em que tais processos tenham um impacto jurídico (tradução própria).[86]

E sobre a Áustria vale destacar os dizeres de Stefan Riegler:

> Com o início do processo de insolvência, o devedor já não tem a capacidade jurídica para celebrar convenções de arbitragem com respeito a litígios relativos à propriedade. Consequentemente, tais acordos de arbitragem são inválidos, somente o administrador podendo, validamente, celebrar tais acordos. A insolvência do devedor por si só não implica em rescisão dos contratos de arbitragem concluídos antes do início do processo de insolvência. Evidentemente, no que diz respeito a acordos que sobre bens ou direitos que não são partes da propriedade e, que, portanto, não são afetados pelo processo de insolvência.[87]

---

claims in bankruptcy stipulated by the Swedish Bankruptcy Act. However, after an analysis of the above mentioned cases, the Supreme Court found in favor of the creditors. The bankruptcy estate was thus also bound by the arbitration agreement concluded by the debtor before it was declared bankrupt. ISGREN, Anders; BENEDICTSSON, Jonas; BESSMAN, Stefan; STALMARKER, Magnus; TISCHNER, Robert. *The Baker & Mackenzie International Arbitration Yearbook 2010-2011.* EUA: JurisNet, LLC. 2011. p. 394. Versão on-line. Recuperado de: https://books.google.com.br/books?id=fHBVBAAAQBAJ&pg=PA381&lpg=PA381&dq=The+Baker+%26+Mckenzie+International+Arbitration+Yearbook+2010-2011+su%C3%A9cia&source=bl&ots=OU_cYkkpkp&sig=gb6hPJ7Fbeo--ohl-tJPITTvkmY&hl=pt-BR&sa=X&ved=0ahUKEwjQmMjt74nUAhWCSyYKHVqFAwAQ6AEIRDAF#v=onepage&q=The%20Baker%20%26%20Mckenzie%20International%20Arbitration%20Yearbook%202010-2011%20su%C3%A9cia&f=true. Acesso em: 02 mar. 2017.

[86] No original: *While French Law is known to be particularly favorable to arbitration, the recourse to arbitration nevertheless yields to the exclusive jurisdiction of French state courts in bankruptcy matters. The exclusive jurisdiction of the bankruptcy courts extends to "any disputes arising from insolvency proceedings or in which such proceedings have a legal impact".* BORYZEWICZ, Eric; HARB, Jean-Pierre; CHRISTOPHE, Lobier. *The Baker & Mackenzie International Arbitration Yearbook 2010-2011.* EUA: JurisNet, LLC. 2011, p. 231. Versão on-line. Recuperado de: https://books.google.com.br/books?id=fHBVBAAAQBAJ&pg=PA381&lpg=PA381&dq=The+Baker+%26+Mckenzie+International+Arbitration+Yearbook+2010-2011+su%C3%A9cia&source=bl&ots=OU_cYkkpkp&sig=gb6hPJ7Fbeo--ohl-tJPITTvkmY&hl=pt-BR&sa=X&ved=0ahUKEwjQmMjt74nUAhWCSyYKHVqFAwAQ6AEIRDAF#v=onepage&q=The%20Baker%20%26%20Mckenzie%20International%20Arbitration%20Yearbook%202010-2011%20su%C3%A9cia&f=true. Acesso em: 02 mar. 2017.

[87] No original: *With the commencement of insolvency proceedings, a debtor no longer has the legal capacity to conclude arbitration agreements with respect to disputes concerning the estate. Consequently, such arbitration agreements are invalid; only the trustee may validly conclude such*

Como já exarado, o ordenamento brasileiro ainda não apresenta, no texto legal, a possibilidade da arbitragem e do processo falimentar acontecerem de forma concomitante. Entretanto, repita-se, a jurisprudência vem privilegiando a possibilidade de o processo de falência se desenvolver sem prejuízo à arbitragem.

4.3 O dever de informação e o sigilo

O processo falimentar, por envolver interesse público, preza pelos princípios da publicidade e da unidade a fim de oferecer transparência e tratamento isonômico aos credores.

E, para defender o interesse público, especialmente as sociedades anônimas estão sujeitas tanto ao dever de informação quanto ao sigilo recomendado pela arbitragem, razão pela qual vale a reflexão.

Primeiramente, antes do enfrentamento do sigilo prestigiado pela arbitragem e da publicidade inerente à falência, é relevante demonstrar que o sigilo nas operações que envolvem as sociedades possui uma importância singular, não se tratando de mero capricho. E, da mesma forma, o sigilo não significa comprometimento da transparência.

A transparência, para as sociedades anônimas de capital aberto, constitui uma recomendação da Bolsa de Mercadorias & Futuros Bovespa (BM&FBOVESPA), que, na mesma medida, prestigia a adesão à arbitragem, significando, em grande medida, que os conflitos societários serão protegidos pelo sigilo.

A confidencialidade, ou sigilo, não constitui característica imposta pela legislação, mas sim uma probabilidade que pode ser

---

agreements. The debtor's insolvency does not per se lead to the termination of arbitration agreements concluded prior to the commencement of the insolvency proceedings. This is obvious with respect to arbitration agreements that concern property or rights that are not part of the estate and that are thus not affected by the commencement of the insolvency proceedings. RIEGLER, Stefan. *The Baker & Mackenzie International Arbitration Yearbook 2010-2011.* EUA: JurisNet, LLC. 2011, p. 231. Versão on-line. Recuperado de: https://books.google.com.br/books?id=fHBVBAAAQBAJ&pg=PA381&lpg=PA381&dq=The+Baker+%26+Mckenzie+International+Arbitration+Yearbook+2010-2011+su%C3%A9cia&source=bl&ots=OU_cYkkpkp&sig=gb6hPJ7Fbeo--ohl-tJPITTvkmY&hl=pt-BR&sa=X&ved=0ahUKEwjQmMjt74nUAhWCSyYKHVqFAwAQ6AEIRDAF#v=onepage&q=The%20Baker%20%26%20Mckenzie%20International%20Arbitration%20Yearbook%202010-2011%20su%C3%A9cia&f=true. Acesso em: 02 mar. 2017.

pactuada entre as partes, nos termos do parágrafo único, do art. 22-C da Lei de Arbitragem[88] (1996), ou uma determinação da Câmara de Arbitragem, por meio de seus regulamentos.

Insta esclarecer que, em princípio, poderia ser observada possível incompatibilidade entre o sigilo e a transparência. Entretanto, em verdade, não há contradição entre os feitos. Ambos apresentam, como foco, a preservação dos institutos econômicos e internos da empresa, garantindo que somente as partes interessadas possuam acesso às informações técnicas e nucleares da companhia.

O sigilo, admissível no juízo arbitral, quando pactuado entre as partes, apresenta aparente contradição com as recomendações do mercado que se propõe, antes, porém, a instituir a transparência. Note-se, entretanto, que a transparência precisa ser interpretada de forma mitigada e em perfeita harmonia com o ordenamento jurídico.

O *full disclousure* vige no âmbito das sociedades abertas e constitui um princípio que visa garantir o máximo de informações relevantes para o mercado. Nas lições de Diego Franzoni significa:

> (...) dever de revelar certas situações e negócios em que a companhia e os administradores estão emprenhados, e que podem influir no mercado, no que se refere aos valores mobiliários por ela emitidos. A *disclosure* constitui, pois, um conjunto de regras que visam a proteger a lisura e a respeitabilidade do mercado de capitais.[89]

Para Marcelo Bertoldi, o administrador de companhia aberta tem o dever de informar, ao tomar posse em seu cargo, o número de ações e demais valores mobiliários de emissão da companhia e de sociedades controladas, ou do mesmo grupo.[90] O autor explica ainda:

> Ainda em se tratando de companhia aberta, é obrigação do administrador comunicar imediatamente à bolsa de valores e à Comissão de Valores Mobiliários e divulgar pela imprensa qualquer deliberação

---

[88] Art. 22-C. O árbitro ou o tribunal arbitral poderá expedir carta arbitral para que o órgão jurisdicional nacional pratique ou determine o cumprimento, na área de sua competência territorial, de ato solicitado pelo árbitro.
Parágrafo único. No cumprimento da carta arbitral será observado o segredo de justiça, desde que comprovada a confidencialidade estipulada na arbitragem.
[89] FRANZONI, Diego. *Arbitragem societária*. São Paulo: Revista dos Tribunais, 2015, p. 171-172.
[90] BERTOLDI, Marcelo M.; RIBEIRO, Márcia Carla Pereira. *Curso Avançado de Direito Comercial*. São Paulo: Revista dos Tribunais, 2009, p. 328.

da assembleia geral ou dos órgãos de administração da companhia, ou fato relevante ocorrido nos seus negócios, que possam influir, de modo ponderável, na decisão dos investidores do mercado de vender ou comprar valores mobiliários emitidos pela companhia (*disclousure*).[91]

Nos moldes do artigo 157 da Lei Federal nº 6.604/1976, o dever de informar, pelo administrador da companhia, ocorre, principalmente, em duas situações. Para com os acionistas, nos termos dos §§1º ao 3º:

Art. 157. O administrador de companhia aberta deve declarar, ao firmar o termo de posse, o número de ações, bônus de subscrição, opções de compra de ações e debêntures conversíveis em ações, de emissão da companhia e de sociedades controladas ou do mesmo grupo, de que seja titular. (Vide Lei nº 12.838, de 2013)
§1º O administrador de companhia aberta é obrigado a revelar à assembleia-geral ordinária, a pedido de acionistas que representem 5% (cinco por cento) ou mais do capital social:
a) o número dos valores mobiliários de emissão da companhia ou de sociedades controladas, ou do mesmo grupo, que tiver adquirido ou alienado, diretamente ou através de outras pessoas, no exercício anterior;
b) as opções de compra de ações que tiver contratado ou exercido no exercício anterior;
c) os benefícios ou vantagens, indiretas ou complementares, que tenha recebido ou esteja recebendo da companhia e de sociedades coligadas, controladas ou do mesmo grupo;
d) as condições dos contratos de trabalho que tenham sido firmados pela companhia com os diretores e empregados de alto nível;
e) quaisquer atos ou fatos relevantes nas atividades da companhia.
§2º Os esclarecimentos prestados pelo administrador poderão, a pedido de qualquer acionista, ser reduzidos a escrito, autenticados pela mesa da assembleia, e fornecidos por cópia aos solicitantes.
§3º A revelação dos atos ou fatos de que trata este artigo só poderá ser utilizada no legítimo interesse da companhia ou do acionista, respondendo os solicitantes pelos abusos que praticarem.

Bem como, para com o mercado, conforme o mesmo dispositivo, nos termos do §4º e seguintes:

§4º Os administradores da companhia aberta são obrigados a comunicar imediatamente à bolsa de valores e a divulgar pela imprensa

---

[91] BERTOLDI, Marcelo M.; RIBEIRO, Márcia Carla Pereira. *Curso Avançado de Direito Comercial*. São Paulo: Revista dos Tribunais, 2009, p. 328.

qualquer deliberação da assembleia-geral ou dos órgãos de administração da companhia, ou fato relevante ocorrido nos seus negócios, que possa influir, de modo ponderável, na decisão dos investidores do mercado de vender ou comprar valores mobiliários emitidos pela companhia.

§5º Os administradores poderão recusar-se a prestar a informação (§1º, alínea e), ou deixar de divulgá-la (§4º), se entenderem que sua revelação porá em risco interesse legítimo da companhia, cabendo à Comissão de Valores Mobiliários, a pedido dos administradores, de qualquer acionista, ou por iniciativa própria, decidir sobre a prestação de informação e responsabilizar os administradores, se for o caso.

§6º Os administradores da companhia aberta deverão informar imediatamente, nos termos e na forma determinados pela Comissão de Valores Mobiliários, a esta e às bolsas de valores ou entidades do mercado de balcão organizado nas quais os valores mobiliários de emissão da companhia estejam admitidos à negociação, as modificações em suas posições acionárias na companhia.

Logo, a divulgação de informações pelos administradores, seja por imposição legal ou não, vai ao encontro da transparência imposta pelo próprio mercado. E como elucida Calixto Salomão Filho, não parece exagerado afirmar que o princípio da informação plena é central para o funcionamento e a própria existência do mercado de capitais.[92]

Prova cabal disso é que recentes estudos comparatísticos têm revelado uma correlação positiva entre a importância e desenvolvimento do mercado de capitais em cada país e o grau de proteção do princípio da informação completa.[93]

A transparência exigida pelas boas práticas de governança corporativa, por sua vez, recomenda que o executivo principal (CEO) preste informações aos *stakeholders*[94] de modo claro e objetivo, abordando tanto os aspectos positivos quanto os negativos. Devendo

---

[92] FILHO, Calixto Salomão. *O novo direito societário*. São Paulo: Malheiros, 2006, p. 154.
[93] FILHO, Calixto Salomão. *O novo direito societário*. São Paulo: Malheiros, 2006, p. 154.
[94] Segundo Ribeiro Nassau, o termo *stakeholders*, ainda sem tradução para o português, é utilizado para designar os demais interessados nas atividades da companhia, como empregados, fornecedores, clientes, comunidade e até mesmo cidadãos e governo. *Stake* quer dizer risco no jargão do mercado financeiro. *Stakeholder* refere-se àqueles que possuem o risco associado ao desempenho da empresa ao qual se relacionam. RIBEIRO, Milton Nassau. *Aspectos Jurídicos da Governança Corporativa*. São Paulo: Quartier Latin do Brasil, 2007, p. 18.

a informação capaz de influenciar decisões de investimento ser imediata e simultaneamente divulgada a todos.[95]

O que se pretende demonstrar é que as recomendações de transparência pelas boas práticas de governança corporativa e o dever de informação imposto pela legislação não são conflitantes com o sigilo possibilitado pela arbitragem.

A arbitragem prioriza as necessidades impostas pelo mercado e a intimidade da sociedade, protegendo o sistema de divulgação de informações que poderiam ser levianamente aproveitadas pela concorrência ou comprometer o valor da companhia, causando insegurança desnecessária.

Assim, mister ressaltar que, mesmo diante de um processo falimentar em curso, o sigilo possibilitado pela arbitragem não deve ser entendido como um privilégio ou necessariamente como instrumento de fraude. Um credor que compõe a lide arbitral e que, posteriormente, terá que habilitar seu crédito na falência já é suficientemente penalizado com a falta de perspectiva de recebimento do que lhe é devido. A possível quebra do sigilo poderia, nessa medida, causar-lhe ainda mais prejuízos, sendo a sociedade, *in casu*, penalizada duas vezes.

A importância do sigilo para a arbitragem já foi avaliada pela Comissão de Valores Mobiliários (CVM). Vale colacionar as considerações exaradas no Processo Administrativo CVM nº RJ 2008/0713[96] (2010) (Reg. Col. nº 6517/2009), oportunidade em que o interessado apresentou recurso contra entendimento de suposta ilegalidade do dever de sigilo exigido para procedimentos em andamento na Câmara de Arbitragem do Mercado (CAM), ligada à Bovespa.

O Recorrente, pequeno investidor de companhias listadas no Novo Mercado, encaminhou reclamação alegando que o sigilo dos procedimentos arbitrais, constante do Regimento e do Regulamento da Câmara de Arbitragem do Mercado, representaria violação do direito essencial dos acionistas de fiscalização dos negócios sociais.

---

[95] SILVA, André Luiz Carvalhal da. *Governança corporativa e sucesso empresarial*: melhores práticas para aumentar o valor da firma. São Paulo: Saraiva, 2006, p. 74.
[96] Disponível em: http://www.cvm.gov.br/export/sites/cvm/decisoes/anexos/0005/6517-0.pdf.

Requereu, nesse sentido, que fosse determinado à BM&FBovespa: i) a supressão, tanto no Regulamento como no Regimento, da previsão de sigilo nas arbitragens perante a CAM; e ii) a disponibilização de meios para obtenção de informações sobre as arbitragens em curso e já extintas, com a ressalva de que, em casos excepcionais, a requerimento das partes e em decisão fundamentada, o sigilo dos procedimentos pudesse ser deferido pela CVM.

A CVM, contudo, posicionou-se contrariamente, reconhecendo, no julgamento colegiado, em voto relatado pelo Diretor Otávio Yasbek, a compatibilidade entre o sigilo arbitral, a transparência e o direito à informação. Para o relator, o caso apresenta-se, a uma primeira vista, como um típico caso de colidência entre dois interesses, em princípio, legítimos: de um lado, postar-se-ia o interesse do acionista de obter informações que lhe podem ser importantes; do outro, o interesse da sociedade de, tendo em vista a natureza daquelas informações ou a exposição que elas poderiam lhe trazer, mantê-las sob algum sigilo.

Nessa toada, segue o julgado (CVM, 2010):

> 3. Em uma análise mais aprofundada do pleito, porém, verifica-se que, apesar das aparências, há uma questão que deve ainda anteceder a análise daquela primeira, que é a do próprio conteúdo do direito à informação. O inciso III do art. 109 da Lei nº 6.404/76 fala em um direito de fiscalização, "na forma prevista nesta lei". Assim, em mais de um ponto, o diploma trata das hipóteses em que o acionista terá acesso a informações específicas, por vezes condicionando tal acesso à detenção de determinados níveis de participação no capital social. Da mesma maneira, ele trata do dever de informar dos administradores, como ocorre, por exemplo, em caso de fato relevante (art. 157, §4º). A CVM, por sua vez e no exercício da sua competência, regulamentou os regimes criados pela Lei.
> 4. Ao tratar daquela maneira do direito à informação ou mesmo do dever de informar, a Lei nº 6.404/76 determina as feições daquele direito, determina seu conteúdo. [3] Em conformidade com a terminologia do autor acima citado, esses seriam os "limites intrínsecos" do direito à informação.
> 5. No presente caso, para a defesa de sua posição, o Recorrente sustenta existir um direito, amplo e irrestrito, às informações da sociedade, direito este reforçado nas companhias abertas. Todos os dispositivos legais citados, porém, trazem qualificações que são desconsideradas na argumentação apresentada à autarquia. Assim, se o inciso III do art. 109 faz referência, como acima esclarecido, à forma prevista em lei, o §2º do

mesmo artigo busca proteger "aqueles meios processos ou ações que a lei confere ao acionista para assegurar os seus direitos". Aquele direito genérico, de conteúdo indefinido, não existe.[97]

O relator ressalta ainda que "ignorar os limites próprios (ou intrínsecos) do regime de informações aos acionistas acaba, em última instância, levando a uma fetichização do princípio do *full disclosure* – o direito à informação e o princípio da transparência na condução dos negócios sociais podem até ser aparentemente valorizados, mas eles acabam por ser esvaziados de qualquer sentido mais concreto".

7. É daí que decorre, por exemplo, a interpretação equivocada acerca do art. 4º, inciso IV, "b" e "c", e inciso VI, da Lei nº 6.385/76, como se estes dispositivos, por si e isolados do sistema que integram, pudessem suportar o quanto foi postulado. Daí decorre, também, a equivocada assertiva de que as informações pretendidas, derivadas dos procedimentos arbitrais, nada teriam a ver com a divulgação de fato relevante (quando esta categoria seria, a bem da verdade, a única capaz de suportar os interesses do Recorrente – um caso merece divulgação justamente por produzir os efeitos que caracterizam os chamados fatos relevantes).

Por fim, argumenta que não existe um direito à informação *in abstracto*, motivo pelo qual não vislumbra irregularidade nas disposições do Regimento e do Regulamento da CAM. E mais, "irregularidade haveria se o sigilo neles previsto fosse impeditivo da prestação de informações obrigatórias ao mercado. Não é o que ocorre, porém: a rigor, o dever de sigilo não vigora – e nem poderia vigorar – se houver obrigação de efetuar comunicação ao mercado".[98]

As considerações demonstram que o direito à informação e o princípio da transparência na condução dos negócios sociais não podem ser abstratos nem absolutos.

O que realmente importa é se o fato constante do procedimento arbitral é capaz de influenciar o mercado (os acionistas/investidores) a alterar suas posições, isto é, a decidir comprar, vender ou permanecer como está.

---

[97] Disponível em: http://www.cvm.gov.br/export/sites/cvm/decisoes/anexos/0005/6517-0.pdf.
[98] Na oportunidade, negou provimento ao recurso, acompanhando a posição da PFE, posteriormente acatada pela SEP. Diretor relator: Otavio Yazbek. Rio de Janeiro, 9 de fevereiro de 2010.

Com efeito, independentemente do objeto da arbitragem, seja ele de cunho corporativo propriamente dito (hipótese de cláusula arbitral, no Estatuto Social, para solução de conflitos entre sócios, administradores, investidores, dentre outros) ou opção gerencial (escolha pela solução arbitral em contratos relevantes, complexos, que contenham segredos industriais/comerciais, vultosos financeiramente, estratégicos, entre outras hipóteses), o acionista não tem direito absoluto e abstrato a obter toda e qualquer informação da administração relativamente a processo arbitral específico.

Como dito, o que é essencial é verificar se o objeto da controvérsia arbitral se insere entre aquelas situações exemplificativamente elencadas pela Instrução Normativa nº 358, de 2002 da CVM, e se se enquadra no conceito genérico do fato relevante; isto é, fato ocorrido nos seus negócios que possa influir, de modo ponderável, na decisão dos investidores do mercado de vender ou comprar valores mobiliários emitidos pela companhia (§4º do art. 157, Lei nº 6.404/76).

A referida Instrução Normativa nº 358, de 03 de janeiro de 2002, dispõe sobre a divulgação e uso de informações sobre ato ou fato relevante relativo às companhias abertas, atribuindo ao Diretor de Relações com Investidores (cargo imprescindível nas companhias abertas, conforme Instrução Normativa CVM nº 480/2009, artigos 44 e 45) a responsabilidade pela prestação de informações ao mercado:

> IN CVM 480/2009
> Art. 44. *O emissor deve atribuir a um diretor estatutário a função de relações com investidores.*
> §1º O diretor de relações com investidores pode exercer outras funções executivas.
> Art. 45. *O diretor de relações com investidores é responsável pela prestação de todas as informações exigidas pela legislação e regulamentação do mercado de valores mobiliários.*
>
> IN CVM 358/2003
> Art. 3º Cumpre ao Diretor de Relações com Investidores enviar à CVM, por meio de sistema eletrônico disponível na página da CVM na rede mundial de computadores, e, se for o caso, à bolsa de valores e entidade do mercado de balcão organizado em que os valores mobiliários de emissão da companhia sejam admitidos à negociação, *qualquer ato ou fato relevante ocorrido ou relacionado aos seus negócios, bem como zelar por sua ampla e imediata disseminação*, simultaneamente em todos os mercados em que tais valores mobiliários sejam admitidos à negociação.

(...)

§3º Cumpre ao Diretor de Relações com Investidores fazer com que a divulgação de ato ou fato relevante na forma prevista no caput e no §4º preceda ou seja feita simultaneamente à veiculação da informação por qualquer meio de comunicação, inclusive informação à imprensa, ou em reuniões de entidades de classe, investidores, analistas ou com público selecionado, no país ou no exterior.

Ressalta-se ainda que a própria Lei de Sociedades Anônimas (Lei nº 6.404/1976) prevê as hipóteses em que o administrador pode recusar-se a prestar informações:

Art. 157. O administrador de companhia aberta deve declarar, ao firmar o termo de posse, o número de ações, bônus de subscrição, opções de compra de ações e debêntures conversíveis em ações, de emissão da companhia e de sociedades controladas ou do mesmo grupo, de que seja titular.

(...)

§5º Os administradores poderão recusar-se a prestar a informação (§1º, alínea e), ou deixar de divulgá-la (§4º), se entenderem que sua revelação porá em risco interesse legítimo da companhia, cabendo à Comissão de Valores Mobiliários, a pedido dos administradores, de qualquer acionista, ou por iniciativa própria, decidir sobre a prestação de informação e responsabilizar os administradores, se for o caso.

Veja-se, assim, que, nesse caso, a intenção do legislador e da CVM é, simultaneamente, resguardar o direito dos investidores de informações relevantes, assim como garantir que dados extremamente imprescindíveis para a companhia não sejam divulgados de forma desnecessária. Isso obriga que acionistas, controladores, diretores, membros do conselho de administração, do conselho fiscal e de quaisquer órgãos com funções técnicas ou consultivas, criados por disposição estatutária, além de empregados da companhia, guardem sigilo das informações relativas a ato ou fato essencial às quais tenham acesso privilegiado.

Assim sendo, extrai-se que, na reflexão em comento, os acionistas não possuem direito genérico a toda e qualquer informação da empresa. Nota-se que não há conflito entre o sigilo que pode ser garantido pela arbitragem e o dever de informação exigido pelas normas do mercado, juntamente à transparência recomendada pelas boas práticas de governança.

Ademais, em que pese o sigilo não ser uma característica "legal" da arbitragem, Marco Aurélio Gastaldi Buzzi, Ministro do Superior Tribunal de Justiça, destaca que sua relativização pode levar à fragilização do próprio instituto arbitral:

> Contudo, não é possível afastar a reflexão de que o "tesouro escondido" nos precedentes não divulgados, caso publicados, ensejariam o esvaziamento da arbitragem (Min. Sidnei Beneti, do STJ).
> Portanto, filiando-se a essa linha de pensamento, não haveria como afastar o fato de que a publicação das respectivas sentenças além de significar uma profunda modificação do sistema, não importaria em consequente aperfeiçoamento, mas, ao contrário, estaria exposto a um revés, ou seja, o enfraquecimento do atual modelo construído para a arbitragem.
> Segredos, técnicas empresariais, informações confidenciais, verdadeiras joias do sucesso empresarial alcançado seriam reveladas, provocando incalculáveis prejuízos, expondo os optantes da arbitragem a verdadeira devassa propiciada pela publicação das decisões arbitrais, como ocorre no caso das sentenças judiciais.
> Nessa hipótese, acredita-se ausentar irremediavelmente as vantagens e os benefícios, enfim, os atrativos, que exatamente emprestam a este modelo a adversarial, quanto a este aspecto, a sua razão de ser. Tudo isso redundaria em negligenciar a arbitragem, rendendo ensejo a que eventuais interessados preferissem ingressar diretamente com suas demandas no Poder Judiciário, podendo dar causa ao letal ferimento, posto que, ausentando-se a preservação do sigilo, presencia-se o desinteresse do particular de acionar este método alternativo de solução de conflitos.[99]

Por todo o exposto, o que se pretende demonstrar é que a confidencialidade pactuada pelas partes na arbitragem, embora não constitua valor absoluto, estabelece medida de crucial importância para a competitividade das sociedades no mercado. Vale mencionar que a quebra do sigilo pode prejudicar sobremaneira sociedades que, embora credoras, não devam ter suas contratações, que até então eram protegidas pelo sigilo na arbitragem, expostas em função, por exemplo, de um processo falimentar.

---

[99] BUZZI, Marco Aurélio Gastaldi. *A Arbitragem na União Europeia, nos Estados Unidos da América e no Mercosul*. Disponível em: http://ipeja.com.br/content/uploads/2015/05/A-Arbitragem-na-Uni%C3%A3o-Europ%C3%A9ia-nos-Estados-Unidos-da-Am%C3%A9rica-e-no-Mercosul-Marco-Aur%C3%A9lio-Gastaldi-Buzzi-.pdf. Acesso em: 11 jan. 2016.

Ainda que a falência preze pela publicidade, por envolver interesse público, não é razoável entender pela incompatibilidade entre esta e a arbitragem em função do sigilo. Conforme disposto, o administrador judicial é o sujeito capacitado e investido de poderes para assumir a lide. Uma vez que o sigilo tenha sido pactuado entre as partes ou, ainda, que seja objeto de imposição da Câmara de Arbitragem, este não deve ser quebrado por haver, em andamento, um processo falimentar. O administrador é o profissional indicado para assumir a lide arbitral, capaz de responsabilizar-se e de dar ciência aos demais credores sobre a lisura do processo.

Na jurisdição brasileira o administrador judicial será nomeado pelo juiz na sentença que decretar a falência (art. 99, IX, da Lei Falimentar) ou no despacho que indeferir a recuperação judicial (art. 52, I).[100] De acordo com o artigo 21 da Lei de Falências, "será profissional idôneo, preferencialmente advogado, economista, administrador de empresa ou contador, ou pessoa jurídica especializada". E observa-se previsão para a responsabilização do administrador judicial não só em âmbito falimentar como também no plano tributário, conforme previsão no Código Tributário Nacional (1996).[101]

Nos termos do art. 32 da Lei de Falências[102] (2005), o administrador judicial responde pelos prejuízos que, por dolo ou culpa,

---

[100] Lei nº 11.101/2005. Art. 52. Estando em termos a documentação exigida no art. 51 desta Lei, o juiz deferirá o processamento da recuperação judicial e, no mesmo ato: I – nomeará o administrador judicial, observado o disposto no art. 21 desta Lei; Art. 99. A sentença que decretar a falência do devedor, dentre outras determinações: (...) IX – nomeará o administrador judicial, que desempenhará suas funções na forma do inciso III do caput do art. 22 desta Lei sem prejuízo do disposto na alínea a do inciso II do caput do art. 35 desta Lei.

[101] Código Tributário Nacional – Art. 134. Nos casos de impossibilidade de exigência do cumprimento da obrigação principal pelo contribuinte, respondem solidariamente com este nos atos em que intervierem ou pelas omissões de que forem responsáveis: (...) V – o síndico e o comissário, pelos tributos devidos pela massa falida ou pelo concordatário; Art. 135. São pessoalmente responsáveis pelos créditos correspondentes a obrigações tributárias resultantes de atos praticados com excesso de poderes ou infração de lei, contrato social ou estatutos: I – as pessoas referidas no artigo anterior;
Art. 137. A responsabilidade é pessoal ao agente: (...) III – quanto às infrações que decorram direta e exclusivamente de dolo específico: a) das pessoas referidas no artigo 134, contra aquelas por quem respondem;

[102] Art. Art. 32. O administrador judicial e os membros do Comitê responderão pelos prejuízos causados à massa falida, ao devedor ou aos credores por dolo ou culpa, devendo o dissidente em deliberação do Comitê consignar sua discordância em ata para eximir-se da responsabilidade.

causar à massa falida, ao devedor ou aos credores. E, quando da prestação de contas, cumpre salientar o art. 154, o qual possui a seguinte redação:

> Art. 154. Concluída a realização de todo o ativo, e distribuído o produto entre os credores, o administrador judicial apresentará suas contas ao juiz no prazo de 30 (trinta) dias.
> (...).
> §5º A sentença que rejeitar as contas do administrador judicial fixará suas responsabilidades, poderá determinar a indisponibilidade ou o sequestro de bens e servirá como título executivo para indenização da massa.

Há, portanto, previsão e instrumentos legais para a responsabilização do administrador judicial na legislação pátria.

Porém, é certo que o problema reside no fato de este administrador ser uma pessoa indicada pelo juiz, geralmente presente entre seus conhecidos, cuja responsabilização e/ou contrariedade pode ser fortemente influenciada pelo vínculo psicológico entre eles.

Segundo Carlos Alberto Farracha de Castro[103] (2013), "a polêmica envolvendo administradores judiciais de processos de falência" constitui-se graves celeumas e entraves do direito falimentar, em função da provável dificuldade e constrangimento do juiz em aplicar medidas coercitivas.

Dispõe ainda o autor:

> Infelizmente, em alguns casos, a nomeação recai em pessoas do círculo pessoal do magistrado, que, posteriormente, se vê constrangido de aplicar medidas coercitivas e punitivas ao administrador judicial negligente e desidioso. Talvez por isso que Sampaio de Lacerda ensinava que "as deficiências de uma lei de falência nem sempre são devidas aos seus princípios, mas aos seus aplicadores, que falham em seus misteres". Ou, como dizia Brito Bastos, "em matéria de fraude, tudo se aperfeiçoa neste país e gente há que se especializou no sistema de furtar com o auxílio da justiça. É preciso, pois, que se interprete a lei de falências com cuidado".[104]

---

[103] Disponível em: http://www.gazetadopovo.com.br/vidapublica/justica-direito/artigos/conteudo.phtml?id=1387785.
[104] CASTRO, Carlos Alberto Farracha de. A polêmica envolvendo administradores judiciais de processos de falência. In: Seção de Justiça e Direito. Disponível em: http://www.

A expectativa de regularidade na nomeação do administrador judicial encontra previsão no artigo 30 da Lei de Falências:

> Art. 30. Não poderá integrar o Comitê ou exercer as funções de administrador judicial quem, nos últimos 5 (cinco) anos, no exercício do cargo de administrador judicial ou de membro do Comitê em falência ou recuperação judicial anterior, foi destituído, deixou de prestar contas dentro dos prazos legais ou teve a prestação de contas desaprovada.
>
> (...)
>
> §2º O devedor, qualquer credor ou o Ministério Público poderá requerer ao juiz a substituição do administrador judicial ou dos membros do Comitê nomeados em desobediência aos preceitos desta Lei.
>
> §3º O juiz decidirá, no prazo de 24 (vinte e quatro) horas, sobre o requerimento do §2º deste artigo.

Cabe assim ao próprio juiz decidir sobre o requerimento motivado pelo devedor, credor ou Ministério Público. Dessa forma, os impedimentos elencados pela lei para exercício do cargo de administrador judicial constituem uma ferramenta para a preservação da imparcialidade desse profissional e deveria ser facilmente manuseada pelas partes envolvidas. Mas, ainda que as normas concernentes à nomeação do administrador judicial tenham como *animus* sua imparcialidade, é certo que elas não podem assegurar essa certeza, vez que as pessoas nomeadas nem sempre desempenham suas funções em favor dos credores.

Reconhece-se, assim, que a atribuição de responsabilidade civil ao administrador judicial depende da verificação de requisitos que não são prontamente aferidos, cabendo aos credores rigorosa fiscalização e participação ativa durante todo o processo. Lancellotti, citando o Senador Ramez Tebet, relator da Comissão de Assuntos Econômicos do Projeto de Lei da Câmara nº 71, de 2003, relata os 12 (doze) princípios que nortearam as modificações e a redação final da Lei de Recuperação e Falências. Dentre eles, a importância da participação ativa dos credores, a fim de que, diligenciando para a defesa de seus interesses, em especial para o

---

gazetadopovo.com.br/vidapublica/justica-direito/artigos/conteudo.phtml?id=1387785. Acesso em: 02 dez. 2013.

recebimento de seu crédito, otimizem os resultados obtidos com o processo.[105] Nesse sentido, reduzindo a possibilidade de fraude ou com redução da possibilidade de fraude ou possível manipulação da massa falida.

4.4 O sigilo e o Ministério Público

O sigilo na arbitragem merece atenção especial nas situações em que uma das partes esteja sob o regime falimentar. Em função de possíveis fraudes que podem ocorrer, alguns autores recomendam que o procedimento arbitral que tenha uma das partes em processo de falência seja submetido à publicidade.[106]

Segundo Felipe Ferreira Machado Moraes, ainda que o procedimento arbitral seja revestido do dever contratual de sigilo, as obrigações legalmente estabelecidas, inclusive aquelas previstas da Lei de Falências e Recuperação, não estariam sujeitas ou limitadas pelo sigilo contratualmente estabelecido.[107]

Em verdade, o autor propõe que a arbitragem permaneça sigilosa, contudo, autorizando o administrador judicial a prestar informações necessárias:

> O administrador judicial estará autorizado pelas partes a prestar informações necessárias para atender às regras do processo falimentar, o que deverá ocorrer mediante requisição direta no processo concursal. O que se propõe é que i) o procedimento arbitral possa ter o trâmite regular e celeridade preservados, mantido o dever de sigilo; ii) as obrigações legais de informação, poderão ser fornecidas pelo responsável, seja árbitro, partes, ou demais profissionais, sem que este cumprimento implique em quebra do dever de sigilo; iii) em casos excepcionais, mediante solicitação fundamentada de credores, eventuais interessados, Ministério Público, dentre outros, poderá o administrador judicial apresentar as informações necessárias, em atendimento às regras do direito falimentar.

---

[105] LANCELLOTTI, Renata Weingrill. *Governança Corporativa na Recuperação Judicial Lei nº 11.101/2005*. Rio de Janeiro: Elsevier, 2010, p. 32.

[106] MORAES, Felipe Ferreira Machado. *A utilização da arbitragem por empresas em falência*. 2014. 114 f. Dissertação de Mestrado – Pontifícia Universidade Católica de Minas Gerais, Belo Horizonte. 2014.

[107] MORAES, Felipe Ferreira Machado. *A utilização da arbitragem por empresas em falência*. 2014. 114 f. Dissertação de Mestrado – Pontifícia Universidade Católica de Minas Gerais, Belo Horizonte. 2014.

Os argumentos do autor citado merecem reflexão, uma vez que o item "ii" do texto sugere que ao dispor que as obrigações legais de informação sejam fornecidas pelo árbitro sem que implique quebra de sigilo não parece ser a mais razoável. Primeiro porque as obrigações legais não são uma opção. Devem ser cumpridas de qualquer modo e podem não satisfazer os reais anseios dos credores. E segundo porque satisfazer integralmente a demanda de informações solicitadas pelos credores pode sim configurar quebra de sigilo, fazendo com que tenham acesso genérico à intimidade comercial das empresas já falidas.

Já a alternativa proposta pelo autor, do inciso "iii", dispõe sobre a inclusão do Ministério Público mediante solicitação fundamentada de credores. Tal opção carece, ainda mais, de atenção.

Na falência, a fiscalização é exercida pelo Ministério Público na condição de *custos legis* com base no artigo 178 do Código de Processo Civil,[108] bem como à luz do §2º do 187 da Lei de Falências, situação em que deverá, inclusive, ser cientificado "em qualquer fase processual, surgindo indícios da prática dos crimes". Até a revogação da antiga Lei de Falências (Decreto-Lei nº 7.661/45), nos moldes do artigo 210,[109] o Ministério Público exercia atividade de natureza dúplice atuando também como parte, órgão agente.

Na mesma medida, o art. 4º da atual Lei de Falências previa o seguinte:

> "O representante do Ministério Público intervirá nos processos de recuperação judicial e de falência" e o parágrafo único que "além das disposições previstas nesta Lei, o representante do Ministério Público intervirá em toda ação proposta pela massa falida ou contra esta".

---

[108] Código de Processo Civil: Art. 178. O Ministério Público será intimado para, no prazo de 30 (trinta) dias, intervir como fiscal da ordem jurídica nas hipóteses previstas em lei ou na Constituição Federal e nos processos que envolvam:
I – interesse público ou social;
II – interesse de incapaz;
III – litígios coletivos pela posse de terra rural ou urbana.
Parágrafo único. A participação da Fazenda Pública não configura, por si só, hipótese de intervenção do Ministério Público.

[109] Art. 210 do Decreto-Lei nº 7.661/1945 – O representante do Ministério Público, além das atribuições expressas na presente lei, será ouvido em toda ação proposta pela massa ou contra esta. Caber-lhe-á o dever, em qualquer fase do processo, de requerer o que for necessário aos interesses da justiça, tendo o direito, em qualquer tempo, de examinar todos os livros, papéis e atos relativos à falência e à concordata.

Todavia, o dispositivo foi vetado pelo Presidente da República[110] (2005), em síntese, sob o argumento de que "o Ministério Público é intimado da decretação de falência e do deferimento do processamento da recuperação judicial, ficando claro que sua atuação ocorrerá *pari passu* ao andamento do feito".

Embora seja controvertido o entendimento acerca do referido veto, verifica-se na legislação que o elenco de dispositivos que contém a atuação do Ministério Público continua bastante extenso.[111] E, ainda que sua intervenção envolva, de forma relevante, matéria eminentemente penal, vale destacar a lucidez dos dizeres de Newton De Lucca:

> (...) e em homenagem à dialética que permeia toda a Ciência Jurídica –, talvez devesse ser relembrada, um pouco mais, aquela lição de Carvalho de Mendonça, para quem, "em rigor, a intervenção do Ministério Público deveria limitar-se à parte penal da falência".
> Não me atreveria a chegar a tanto, por certo, mas já me satisfaria se o Ministério Público se ativesse ao balizamento constitucional dado pelo caput do art. 127 – já de amplíssimo espectro –, isto é, "a defesa da ordem pública, do regime democrático e dos interesses sociais e individuais indisponíveis".[112]

Conclui-se, assim, que o desenvolvimento do procedimento falimentar não ocorre à revelia do Ministério Público. Entretanto, a alternativa de trazer o Estado, ainda que por meio daquele órgão, para o processo de falência, diante da existência de uma arbitragem em andamento, não parece ser, do ponto de vista prático, a mais razoável.

O envolvimento do Ministério Público sem que haja indícios de prática de crimes significaria, na prática, entrave desnecessário ao procedimento, ocasionando possível morosidade, o que poderia prejudicar ainda mais a celeridade conferida pela arbitragem e os anseios dos próprios credores. Em suma, a simples "desconfiança"

---

[110] Disponível em: http://www.planalto.gov.br/ccivil_03/_ato2004-2006/2005/Msg/Vep/VEP-0059-05.htm#art4.

[111] LUCCA, Newton De. Capítulo I – Disposições Preliminares – art. 1º ao 4º. *In:* MOURÃO, Sérgio (Org.). *Comentários à Nova Lei de Falência e Recuperação de Empresas.* Rio de Janeiro: Forense, 2009, p. 29-72.

[112] LUCCA, Newton De. Capítulo I – Disposições Preliminares – art. 1º ao 4º. *In:* MOURÃO, Sérgio (Org.). *Comentários à Nova Lei de Falência e Recuperação de Empresas.* Rio de Janeiro: Forense, 2009, p. 29-72.

não pode ser suficiente para permitir o acesso ilimitado ao procedimento pelos credores interessados, juízo, auxiliares do juízo e membros do Ministério Público.

Por todo o exposto, extrai-se que a arbitragem e a falência podem prosseguir de forma concomitante e o sigilo não constitui, por si só, um elemento impeditivo ou ameaça para os credores.

4.5 A alternativa inspirada no *Dispute Resolution Board*

A Lei de Falências oferece ao Comitê de Credores alternativas para acompanhamento do processo falimentar, que, de acordo com o art. 27, tem como uma de suas atribuições, tanto na recuperação judicial como na falência, "fiscalizar as atividades e examinar as contas do administrador judicial", bem como zelar pelo bom andamento do processo e pelo cumprimento da lei, obrigação de comunicar ao Juiz a violação dos direitos ou prejuízos aos interesses dos credores, na apuração e emissão de parecer sobre reclamações dos interessados, no requerimento de convocação da Assembleia Geral de Credores e na manifestação nas hipóteses legais.[113]

No entendimento de Alfredo Assis Gonçalves Neto, o Comitê de Credores foi criado pela Lei de Falências com o intuito de introduzi-lo como órgão não obrigatório, norteado pela conveniência de substituir, tanto quanto possível, a atuação isolada dos credores que tumultuavam, sobremaneira, a marcha do processo.[114]

A responsabilização dos membros do Comitê faz com que eles sejam ainda mais diligentes, na medida em que, segundo o art. 32,

> Os membros do Comitê responderão pelos prejuízos causados à massa falida, ao devedor ou aos credores por dolo ou culpa, devendo o dissidente em deliberação do Comitê consignar sua discordância em ata para eximir-se da responsabilidade.

---

[113] BERTASI, Maria Odete Duque. *In:* MACHADO, Rubens Approbato (Org.). *Comentários à Nova Lei de Falências e Recuperação de Empresas. Doutrina e Prática*. 2. ed. São Paulo: Quartier Latin, 2007, p. 141.

[114] NETO, Alfredo Assis Gonçalves. *In:* MOURÃO, Sérgio (Org.). *Comentários à Nova Lei de Falência e Recuperação de Empresas*. Rio de Janeiro: Forense, 2009, p. 210.

Insta reconhecer, entretanto, que, a atuação do Comitê é de certa forma mitigada, na medida em que pode acontecer de, mesmo sendo constituído e em funcionamento, esse deixe de ser chamado para opinar sobre a prática de um determinado ato, como prevê a lei e, assim, observa-se que não se processa nulidade do ato, vez que se trata de mera irregularidade, sem sanção ou nulidade cominada, o que demonstra fragilidade no ordenamento brasileiro.[115]

A fim de enfrentar os conflitos entre credor e acionista, na iminência de uma falência, Armour, Hertig e Kanda sugerem estratégias específicas, dentre elas, o recrutamento de fiscalização de terceiros e incentivar os administradores a agir em prol dos credores.[116]

Como visto, atribuir a um terceiro o dever de fiscalização pode parecer boa alternativa, mas investir o Ministério Público desse papel não parece ser a melhor alternativa. *In casu*, o que se propõe é a criação de um Comitê de Resolução de Disputas – CRD, conhecido internacionalmente como *Dispute Resolution Board*.

Segundo Bernardo Ramos Trindade, o *Dispute Resolution Board* surgiu nos Estados Unidos em meados dos anos 70, durante a execução das obras do *Eisenhower Tunnel*.

O CRD emergiu no intuito de minimizar problemas enfrentados pelos contratos de engenharia submetidos à arbitragem. Apesar de a arbitragem oferecer inquestionáveis vantagens, o ramo da construção pesada percebeu que uma série de questões ainda precisava ser enfrentada.

Bernardo Ramos Trindade esclarece que, segundo o Vice-presidente Sênior responsável pela divisão de *Claims* e Consultoria em Obras da *Hill International* na América Latina e no Brasil, Felipe Gutierrez, algumas desvantagens eram bastante relevantes para os contratos de engenharia.

> Nem sempre os motivos racionais utilizados pelos árbitros no processo de tomada de decisão ficam claros para as partes;
> Não existem meios previstos para questionamentos das decisões tomadas pelo tribunal arbitral;

---

[115] NETO, Alfredo Assis Gonçalves. *In:* MOURÃO, Sérgio (Org.). *Comentários à Nova Lei de Falência e Recuperação de Empresas*. Rio de Janeiro: Forense, 2009, p. 211.
[116] ARMOUR, John; HERTIG, Gerard; KANDA, Hideki. *The Anatomy of Corporate Law*, Second Edition, Oxford, 2009, p. 116-117.

Os custos envolvidos são muitas vezes muito próximos dos custos incorridos num processo de decisão por meio de processo judicial.[117]

Diante dos impasses, houve um esforço a fim de alcançar ainda mais celeridade nas decisões, com custo reduzido, sem que houvesse comprometimento na segurança. Bernardo Ramos Trindade elucida que o objetivo dos CRDs é prevenir possíveis conflitos:

> Os CRD são comitês formados por profissionais imparciais e com experiência comprovada acerca do objeto contratual, contratados antes do início de um empreendimento para acompanhar o processo de execução das obras mediante análise de documentos e visitas periódicas, os quais buscarão prevenir o surgimento de disputas. Caso isso não seja possível, os eventuais conflitos serão resolvidos pelo próprio CRD por meio de uma recomendação e/ou decisão, de acordo com os termos que serão previstos no próprio contrato da obra.[118]

O autor elucida ainda que, em pesquisa realizada pela *Dispute Resolution Board Foudation*, entre os anos de 1987 e 2002, foram acompanhados 920 (novecentos e vinte) projetos cujos valores somados chegam a U$73 (setenta e três) bilhões de dólares.[119] Desses, foram emitidas 1.125 (mil, cento e vinte e cinco) decisões/recomendações dos CRDs, sendo que 97,6% (noventa e sete vírgula seis por cento) delas foram aceitas sem necessidade de utilização das vias judiciais ou arbitrais.[120]

Como bem elucidam Bernardo Trindade, Clémenceau Chiabi, Flávia Bittar e Pedro Soares, o Brasil não possui legislação específica que verse sobre o CRD, cabendo geralmente às câmaras arbitrais e a importantes instituições ligadas a métodos

---

[117] TRINDADE, Bernardo Ramos. Introdução. In: *CRD Comitê de Resolução de Disputas nos Contratos de Construção de Infraestrutura. DRB Dispute Resolution Board. Uma abordagem prática sobre a aplicação de Dispute Board no Brasil*. São Paulo: Pini, 2016, p. 10.

[118] TRINDADE, Bernardo Ramos. Introdução. In: *CRD Comitê de Resolução de Disputas nos Contratos de Construção de Infraestrutura. DRB Dispute Resolution Board. Uma abordagem prática sobre a aplicação de Dispute Board no Brasil*. São Paulo: Pini, 2016, p. 11.

[119] TRINDADE, Bernardo Ramos. Introdução. In: *CRD Comitê de Resolução de Disputas nos Contratos de Construção de Infraestrutura. DRB Dispute Resolution Board. Uma abordagem prática sobre a aplicação de Dispute Board no Brasil*. São Paulo: Pini, 2016, p. 11.

[120] TRINDADE, Bernardo Ramos. Introdução. In: *CRD Comitê de Resolução de Disputas nos Contratos de Construção de Infraestrutura. DRB Dispute Resolution Board. Uma abordagem prática sobre a aplicação de Dispute Board no Brasil*. São Paulo: Pini, 2016, p. 11.

extrajudiciais de resolução de disputas a responsabilidade de regulamentar o tema:[121]

> No Brasil, contamos com os regulamentos da Câmara de Mediação de Arbitragem do Conselho Regional de Engenharia e Agronomia de Minas Gerais (CMA/CREA-MG) e do Instituto de Engenharia de São Paulo, órgãos de significativa importância no mercado nacional. No âmbito internacional, pode-se citar a Câmara de Comércio Internacional (CCI), que possui manuais de referência para os profissionais que lidam com contratos de grande porte, e a *Dispute Resolution Board Foudation* (DRBF). Os modelos de contrato FIDIC trazem em suas cláusulas a previsão de utilização do CRD, variando seus livros de acordo com a complexidade do empreendimento, que vão do *Silver Book* ao *Red Book*.[122]

Os autores explicam, além do mais, que estudos que discutem os benefícios auferidos pela utilização dos comitês apontam que mais de 90% (noventa por cento) dos assuntos trazidos à atenção do CRD são solucionados de forma definitiva.[123]

Segundo Juliana Fonseca, o CRD tem sido utilizado inclusive pelo Banco Interamericano de Desenvolvimento – BID, já desde 2006, quando o Banco lançou a primeira versão dos Documentos Padrão de Licitação para Grandes Obras.[124]

---

[121] TRINDADE, Bernardo Ramos; SALIBA JÚNIOR, Clémenceau Chiabi; NEVES, Flávia Bittar; SOARES, Pedro Silveira Campos. Conhecimento e Aplicabilidade do Comitê de Resolução de Disputas – CRD em obras de médio e grande portes. *In: CRD Comitê de Resolução de Disputas nos Contratos de Construção de Infraestrutura. DRB Dispute Resolution Board. Uma abordagem prática sobre a aplicação de Dispute Board no Brasil*. São Paulo: Pini, 2016, p. 37-38.

[122] TRINDADE, Bernardo Ramos; SALIBA JÚNIOR, Clémenceau Chiabi; NEVES, Flávia Bittar; SOARES, Pedro Silveira Campos. Conhecimento e Aplicabilidade do Comitê de Resolução de Disputas – CRD em obras de médio e grande portes. *In: CRD Comitê de Resolução de Disputas nos Contratos de Construção de Infraestrutura. DRB Dispute Resolution Board. Uma abordagem prática sobre a aplicação de Dispute Board no Brasil*. São Paulo: Pini, 2016, p. 37-38.

[123] TRINDADE, Bernardo Ramos; SALIBA JÚNIOR, Clémenceau Chiabi; NEVES, Flávia Bittar; SOARES, Pedro Silveira Campos. Conhecimento e Aplicabilidade do Comitê de Resolução de Disputas – CRD em obras de médio e grande portes. *In: CRD Comitê de Resolução de Disputas nos Contratos de Construção de Infraestrutura. DRB Dispute Resolution Board. Uma abordagem prática sobre a aplicação de Dispute Board no Brasil*. São Paulo: Pini, 2016, p. 37-45.

[124] FONSECA, Juliana Soares Porto. O BID e o CRD: a perspectiva de um financiador de projetos *In: CRD Comitê de Resolução de Disputas nos Contratos de Construção de Infraestrutura. DRB Dispute Resolution Board. Uma abordagem prática sobre a aplicação de Dispute Board no Brasil*. São Paulo: Pini, 2016, p. 218.

Frisa-se que, até o momento, o Comitê de Resolução de Disputas é utilizado como método de resolução de conflitos, antecedendo, inclusive, a própria arbitragem, com a diferença de que o CRD tem como foco o monitoramento de um possível futuro litígio.

Para Camila Pereira Linhares, a convenção que elege o CRD para a solução de conflitos é formalizada por meio de uma cláusula que prevê sua utilização previamente e, em caso de não cumprimento das eventuais recomendações do Comitê, instaura-se a arbitragem.[125]

Veja-se, pois, que o que se propõe no momento não é a submissão da falência e da arbitragem ao CRD. Mas sim a criação de um instituto semelhante, que possa auxiliar o administrador judicial e credores.

Propõe-se, assim, um "Comitê Interdisciplinar" capaz de fazer um acompanhamento mais eficiente do procedimento arbitral, afastando o desnecessário envolvimento do Ministério Público.

Tal Comitê Interdisciplinar deve ser formado por interessados no eficiente processo falimentar e na lisura do procedimento arbitral, quais sejam: acionistas, membros do próprio comitê de credores que, como já exarado, sob o art. 27 da Lei de Falências, são investidos da atribuição de "fiscalizar as atividades", bem como técnicos especialistas em arbitragem e falência que podem ser indicados pela Câmara Arbitral ou pelo administrador judicial.

E, para que a massa falida não seja ainda mais onerada, o custo do Comitê Interdisciplinar deve recair sobre os próprios credores, que estarão buscando, tão somente, fiscalizar o trabalho realizado pelo administrador judicial.

Esse Comitê deve auxiliar o administrador judicial também na solução de controvérsias, e sua atuação deve ser regulamentada pela própria Câmara de Arbitragem, podendo referido "órgão" ser instituído mesmo que o processo falimentar esteja em curso, sem qualquer prejuízo a nenhum dos procedimentos, em andamento ou concluído.

---

[125] LINHARES, Camila Pereira. Cláusula compromissória escalonada como recomendação para eleição do comitê. In: CRD Comitê de Resolução de Disputas nos Contratos de Construção de Infraestrutura. DRB Dispute Resolution Board. Uma abordagem prática sobre a aplicação de Dispute Board no Brasil. São Paulo: Pini, 2016, p. 72-73.

4.5.1 O interesse do minoritário e o interesse do credor

É possível entender que a coexistência entre a arbitragem e a falência pode, de alguma forma, prejudicar o interesse do sócio minoritário ou dos próprios credores, especialmente quanto aos instrumentos de fiscalização disponibilizados pelo ordenamento jurídico.

E, ainda que tais instrumentos sejam, em alguns momentos, muito frágeis, como será demonstrado, importante ressaltar, primeiramente, que é a sociedade que assume o compromisso arbitral, manifestando sua vontade, sem considerar as particularidades de cada sócio.

Para se levar um conflito à arbitragem, é indispensável a manifestação de vontade da parte. A ausência de livre escolha quanto a esta opção contamina a arbitragem e impede a exclusão do acesso ao Judiciário.[126] Assim, a concordância inequívoca representa elemento obrigatório.

Quando a inserção da cláusula compromissória acontece no momento de instituição da sociedade, é possível concluir que a adesão à arbitragem foi discutida e deliberada por todos os sócios. Dessa forma, os sócios decidiram, conjuntamente, no momento da elaboração do Estatuto Social, as estratégias para o negócio.

Já a inserção da cláusula arbitral após a criação e funcionamento da sociedade possibilita que se depare com a ausência ou resistência de alguns sócios que não participaram da deliberação acerca do compromisso. São os casos de adesão à sociedade, por novos sócios, que não concordam ou não aderiram à cláusula arbitral.

Assim, a vinculação de novo sócio à convenção de arbitragem constante no Estatuto Social provoca debate em torno da necessidade ou dispensa de anuência expressa à eleição da jurisdição privada.[127] E, embora esta não seja a discussão nuclear do presente estudo, vale destacar a Lei nº 13.129, de 26 de maio de 2015, que introduziu o artigo 136-A na Lei das S.A. *In verbis*:

> Art. 136-A. A aprovação da inserção de convenção de arbitragem no estatuto social, observado o quórum do art. 136, obriga a todos os acionistas,

---
[126] CAHALI, Francisco José. *Curso de Arbitragem*. São Paulo: Revista dos Tribunais, 2013, p. 365.
[127] CAHALI, Francisco José. *Curso de Arbitragem*. São Paulo: Revista dos Tribunais, 2013, p. 367.

assegurado ao acionista dissidente o direito de retirar-se da companhia mediante o reembolso do valor de suas ações, nos termos do art. 45.

Extrai-se, assim, que o dispositivo citado cria uma hipótese de retirada do acionista mediante reembolso do valor das ações. Nesse caso, é incontroverso o conflito de agência entre sócios majoritários e minoritários, não restando dúvidas, entretanto, sobre a inquestionável capacidade de força do primeiro sobre o segundo. Em síntese, resta ao sócio minoritário que não coaduna com a adesão à arbitragem o direito de retirada.

A fragilidade revelada na relação entre acionistas minoritários e majoritários também pode ser observada com relação aos credores.

Segundo Armour, Hertig e Kanda, os direitos conferidos aos credores variam de uma jurisdição para outra, as principais decisões como, por exemplo, sair do processo de falência, seja por uma venda, encerramento da empresa ou reestruturação, é normalmente iniciada pelo *crisis manager*, sujeito ao direito de veto pelos credores.[128]

Os autores explicam que, para decidir sobre um plano para de retirada do estado falimentar, observa-se um conflito entre credores:

> Os credores que estão em uma *junior class*, que estão potencialmente distante do recebimento do crédito e de forma análoga aos acionistas de uma empresa em situação financeira crítica, tendem a preferir os resultados mais arriscados. Os credores que estão em uma *senior class that is oversecured*, ou seja, os ativos são mais do que suficientes para pagamento, vão preferir um plano menos arriscado.[129]

É possível observar tal fragilidade na Lei de Falências brasileira, que prevê o poder de veto dos credores apenas na recuperação judicial:

> Art. 50. Constituem meios de recuperação judicial, observada a legislação pertinente a cada caso, dentre outros:

---

[128] ARMOUR, John; HERTIG, Gerard; KANDA, Hideki. *The Anatomy of Corporate Law*, Second Edition, Oxford, 2009, p. 144.

[129] ARMOUR, John; HERTIG, Gerard; KANDA, Hideki. *The Anatomy of Corporate Law*, Second Edition, Oxford, 2009, p. 145. No original: *Creditors who are in a junior class that is out of the money will, analogously to shareholders in a financially distressed firm, tend to prefer more risky outcomes. Creditors who are in a senior class that is oversecured – that is, the assets are more than enough to pay than off – will prefer a less risky plan.*

(...)
V – concessão aos credores de direito de eleição em separado de administradores e de poder de veto em relação às matérias que o plano especificar;

Assim sendo, a implementação das condições nele estabelecidas no plano de recuperação judicial dependerá da participação direta dos credores, ainda que representados por grupo ou classe de titulares de crédito em face do devedor.[130]

Já na falência, não há instrumentos para que os credores vetem, de alguma forma, decisões tomadas no transcorrer do processo. *In casu*, resta apenas recorrer ao Judiciário nos moldes do artigo 13 da Lei de Falências:

> Art. 13. A impugnação será dirigida ao juiz por meio de petição, instruída com os documentos que tiver o impugnante, o qual indicará as provas consideradas necessárias.
> Parágrafo único. Cada impugnação será autuada em separado, com os documentos a ela relativos, mas terão uma só autuação as diversas impugnações versando sobre o mesmo crédito.

Na jurisdição brasileira, as medidas possibilitam apenas que os credores das diferentes classes participem, por exemplo, na assembleia de credores. O que se extrai, então, é que tanto acionistas minoritários quanto credores assumem papéis bastante tênues durante um processo falimentar e, com a arbitragem, o cenário não é diferente.

A fim de possibilitar maior proteção para as partes envolvidas na arbitragem, o artigo 17[131] da Lei de Arbitragem equipara o árbitro ao funcionário público para fins, inclusive, de responsabilidade penal. Segundo Francisco José Cahali, a perspectiva é de proteger as partes de crimes contra a Administração Pública, como concussão, corrupção e prevaricação,[132] tipificados nos artigos 316, 317 e 319 do Código Penal.[133]

---

[130] GUIMARÃES, Maria Celeste Morais. Comentários aos artigos 50 a 52 da Lei n. 11.101 de 09/02/2005. *In*: MOURÃO, Sérgio (Org.) *Comentários à Nova Lei de Falência e Recuperação de Empresas*. Rio de Janeiro: Forense, 2009, p. 359.
[131] Lei 9307/96 – Art. 17. Os árbitros, quando no exercício de suas funções ou em razão delas, ficam equiparados aos funcionários públicos, para os efeitos da legislação penal.
[132] CAHALI, Francisco José. *Curso de Arbitragem*. São Paulo: Revista dos Tribunais, 2013, p. 182.
[133] Código Penal (Decreto-lei nº 2.848, de 7 de dezembro de 1940) – Concussão Art. 316 – Exigir, para si ou para outrem, direta ou indiretamente, ainda que fora da função ou antes

O autor assevera, ainda, sobre a responsabilidade, solidária ou isolada, da instituição arbitral:

> Enquanto prestadora de serviço, responde pelas práticas adotadas tal qual qualquer outra pessoa jurídica desta natureza. Assim, as irregularidades em suas atividades trazem responsabilidade independente da atuação do árbitro, por exemplo, se o próprio órgão arbitral quebrar a confidencialidade expressamente contratada (por previsão em seu regulamento em razão do qual foi procurada).[134]

Assim, é possível depreender que os mecanismos regulatórios e de câmaras de arbitragem possuem o intuito de proteger os procedimentos de possíveis fraudes. Entretanto, por todo o exposto, seria uma ingenuidade concluir que todos os instrumentos de controle disponíveis no ordenamento brasileiro são eficientes em sua plenitude.

E, como já exarado, essa é a razão pela qual se discute a necessidade da intervenção do Ministério Público na arbitragem, diante de um processo falimentar.

Conquanto, o Comitê Interdisciplinar ora proposto seria a alternativa ideal, deixando que os interesses das partes sejam protegidos por particulares e garantindo a celeridade perseguida na arbitragem.

Os seus membros devem ser investidos de responsabilização, conforme regulamentação das Câmaras de Arbitragem, por meio de relatórios declaratórios, capacitados para atestar a lisura do crédito, cuja origem deu-se na sentença arbitral e que será, na sequência, habilitado no juízo falimentar.

Na mesma medida, a atuação do Comitê Interdisciplinar, que deve ser composto igualmente por acionistas, possui a obrigatoriedade de acompanhar e fiscalizar o procedimento arbitral, para fins de constituição de crédito em favor da massa.

A existência de tal Comitê seria, com certeza, uma acertada opção para assegurar os interesses dos acionistas minoritários, que tendem a permanecer na periferia do campo de decisões.

---

de assumi-la, mas em razão dela, vantagem indevida: (...) Corrupção passiva Art. 317 – Solicitar ou receber, para si ou para outrem, direta ou indiretamente, ainda que fora da função ou antes de assumi-la, mas em razão dela, vantagem indevida, ou aceitar promessa de tal vantagem. (...) Prevaricação Art. 319 – Retardar ou deixar de praticar, indevidamente, ato de ofício, ou praticá-lo contra disposição expressa de lei, para satisfazer interesse ou sentimento pessoal: (...).

[134] CAHALI, Francisco José. *Curso de Arbitragem*. São Paulo: Revista dos Tribunais, 2013, p. 184.

CAPÍTULO 5

EFEITOS DA FALÊNCIA SOBRE O PROCEDIMENTO ARBITRAL JÁ EM CURSO OU INICIADO DURANTE O PROCESSO FALIMENTAR

5.1 Competência da massa falida para compor a lide

Como dito, a falência pode apresentar aparente controvérsia com a arbitragem, especialmente em função dos desdobramentos ocasionados pelo procedimento falimentar, como, por exemplo, o afastamento do falido da administração da empresa.

Assim, esse desligamento da própria empresa pode induzir, erroneamente, ao entendimento de que não haveria, *in casu*, capacidade para compor a lide na arbitragem, já que, como preceitua o art. 1º da Lei nº 9.307, "as pessoas capazes de contratar poderão valer-se da arbitragem para dirimir litígios relativos a direitos patrimoniais disponíveis".

Imperioso, então, reafirmar a reflexão sobre a arbitrabilidade subjetiva, que diz respeito à capacidade da massa falida para compor a lide no procedimento arbitral já em curso ou em vias de ser iniciado em função de convenção de arbitragem já pactuada.

Para Francisco José Cahali, a convenção de arbitragem é a matriz de um método de solução de conflito, revelando-se como a forma pela qual as partes exercem a sua opção pela jurisdição arbitral[135] e, segundo a legislação brasileira, a convenção se apresentaria

---
[135] CAHALI, Francisco José. *Curso de Arbitragem*. 3. ed. São Paulo: Revista dos Tribunais, 2013, p. 119.

como gênero do qual seriam espécies: a cláusula compromissória e o compromisso arbitral.

A cláusula compromissória é a previsão em contrato de que eventuais conflitos dele emergentes serão resolvidos pela arbitragem. Tem caráter preventivo, na medida em que as partes estão na expectativa de contratar e honrar seus compromissos contratuais, porém desde então deixam previsto que eventual conflito decorrente do contrato deverá ser resolvido por arbitragem, não pelo Judiciário.

Já o compromisso arbitral é o instrumento firmado pelas partes por meio do qual, diante de um conflito manifesto, já deflagrado entre os envolvidos, faz-se a opção por direcionar ao juízo arbitral a jurisdição para solucionar a questão.[136]

Isso posto, a cláusula arbitral é prevista em contrato e antecede possíveis litígios. É a manifestação de vontade afirmando que, acaso ocorram desavenças acerca do que foi pactuado, as partes irão se valer da arbitragem para solucionar as controvérsias.

Importante mencionar que a cláusula arbitral, ou cláusula compromissória, é autônoma em relação ao contrato em que foi inserida. Desse modo, eventual questionamento que implique nulidade ou anulabilidade do contrato não significa, necessariamente, os mesmos efeitos à cláusula compromissória, como determina o *caput* do art. 8º da Lei nº 9.307/1996: "A cláusula compromissória é autônoma em relação ao contrato em que estiver inserta, de tal sorte que a nulidade deste não implica, necessariamente, a nulidade da cláusula compromissória".

Ressalta-se, entretanto, que, em casos pontuais, a nulidade do contrato pode afetar a validade da cláusula arbitral, como, por exemplo, em função de alguma incapacidade contratual de uma das partes. Assim, tanto o contrato principal quanto a cláusula arbitral estarão viciados, salvo, evidentemente, se a referida cláusula for inserida no contrato por instrumento aditivo em circunstância em que a referida incapacidade não seria observada.

Diante dessa situação, cabem aos próprios árbitros, de ofício ou não, avaliarem a validade e eficácia da cláusula arbitral,

---

[136] CAHALI, Francisco José. *Curso de Arbitragem*. 3. ed. São Paulo: Revista dos Tribunais, 2013, p. 119-120.

consagrando o princípio da competência-competência já estudado, sob a perspectiva do parágrafo único do art. 8º e *caput* do art. 20 da Lei de Arbitragem:

> Art. 8º (...)
> Parágrafo único. Caberá ao árbitro decidir de ofício, ou por provocação das partes, as questões acerca da existência, validade e eficácia da convenção de arbitragem e do contrato que contenha a cláusula compromissória.
>
> Art. 20 A parte que pretender arguir questões relativas à competência, suspeição ou impedimento do árbitro ou dos árbitros, bem como nulidade, invalidade ou ineficácia da convenção de arbitragem, deverá fazê-lo na primeira oportunidade que tiver de se manifestar, após a instituição da arbitragem.

A autonomia da cláusula compromissória também pode ser evidenciada fora de um instrumento contratual. Ou seja, ela não precisa estar inserida nesse documento para existir. É possível a sua celebração, por instrumento apartado, oportunidade em que as partes se obrigam a dirimir eventuais litígios relativos a um determinado contrato ou relação jurídica pela via da arbitragem, de acordo com o §1º, do art. 4º da Lei nº 9.307/1996: "A cláusula compromissória deve ser estipulada por escrito, podendo estar inserta no próprio contrato ou em documento apartado que a ele se refira".

Já o compromisso arbitral, também espécie da convenção, é o instrumento, um acordo, através do qual as partes submetem um litígio à arbitragem. É o negócio jurídico processual por meio do qual os interessados em resolver um litígio deferem a sua solução a terceiros, afastando a jurisdição estatal, organizando o modo através do qual deverá se processar o juízo arbitral.[137] Podendo ser judicial ou extrajudicial como preceitua o artigo 9º da mesma norma:

> Art. 9º O compromisso arbitral é a convenção através da qual as partes submetem um litígio à arbitragem de uma ou mais pessoas, podendo ser judicial ou extrajudicial.
> §1º O compromisso arbitral judicial celebrar-se-á por termo nos autos, perante o juízo ou tribunal, onde tem curso a demanda.

---

[137] CARMONA, Carlos Alberto. *Arbitragem e processo*. Um comentário à lei nº 9.307/96. São Paulo: Atlas, 2009, p. 189-190.

§2º O compromisso arbitral extrajudicial será celebrado por escrito particular, assinado por duas testemunhas, ou por instrumento público.

Dessa feita, vale reforçar que é inquestionável a validade da cláusula arbitral ou do compromisso arbitral livres de qualquer vício de vontade.

Na perspectiva de que várias são as possibilidades de se convencionar a utilização do juízo arbitral, de igual modo são variadas as formas de se provocar o início da arbitragem. Segundo Francisco José Cahali, a arbitragem, no aspecto procedimental, pode ocorrer em três momentos distintos: fase I – instauração da arbitragem; fase II – organização da arbitragem; fase III – desenvolvimento da arbitragem.[138]

A instauração da arbitragem dá-se conforme preceitua o art. 19 da Lei de Arbitragem, oportunidade em que é "aceita a nomeação pelo árbitro, se for único, ou por todos, se forem vários". Como padrão, deverá o interessado apresentar o requerimento da arbitragem, noticiando o conflito, comprovando a existência de cláusula arbitral ou compromisso, indicando ou pedindo a nomeação do arbitro.[139] Nessa fase, há apenas uma identificação do objeto do conflito, com superficial referência ao direito supostamente ofendido.

Ultrapassada a fase de nomeação do árbitro, ocorre a organização da arbitragem. Segundo Francisco José Cahali, é um momento marcado por um critério circunstancial, não temporal:

> Pois bem, embora não previsto na Lei, muitos regulamentos estabelecem uma primeira audiência, ou reunião, entre os interessados e o árbitro para a assinatura de um termo de arbitragem, ou ata de missão. (...) Este instrumento tem tripla finalidade: explicitar a convenção arbitral, fixar o objeto da arbitragem e estabelecer o cronograma provisório da arbitragem. O termo de arbitragem pode conter uma, outra ou todas as questões.[140]

---

[138] CAHALI, Francisco José. *Curso de arbitragem*: resolução CNJ 125/2010 (e respectiva emenda de 31 de janeiro de 2013): mediação e conciliação. São Paulo: Revista dos Tribunais, 2013, p. 197.

[139] CAHALI, Francisco José. *Curso de arbitragem*: resolução CNJ 125/2010 (e respectiva emenda de 31 de janeiro de 2013): mediação e conciliação. São Paulo: Revista dos Tribunais, 2013, p. 199.

[140] CAHALI, Francisco José. *Curso de arbitragem*: resolução CNJ 125/2010 (e respectiva emenda de 31 de janeiro de 2013): mediação e conciliação. São Paulo: Revista dos Tribunais, 2013, p. 212-213.

No último estágio, promove-se o desenvolvimento do procedimento propriamente dito, com a prática dos atos postulatórios, instrutórios e decisórios, sob a autoridade do árbitro.[141]

A fase postulatória é marcada pelas chamadas "alegações iniciais", nas quais o solicitante apresenta, detalhadamente, a fundamentação pertinente à sustentação de seus alegados direitos e especifica os respectivos pedidos.[142] E o solicitado, por sua vez, ciente do conflito e sua extensão, deve apresentar as suas "alegações iniciais" já em defesa de seus interesses.

O que se depreende é que o procedimento arbitral terá início com o aceite da nomeação pelo árbitro ou árbitros. Já a análise em comento tem como foco a possibilidade de o procedimento ser deflagrado antes ou mesmo durante o andamento do processo falimentar.

Assim, diante de um processo arbitral, em curso ou não, não há óbice para que a massa falida assuma a lide na arbitragem, uma vez que sua capacidade é suprida na pessoa do administrador judicial que, de acordo com o artigo 21 da Lei de Falências, "será profissional idôneo, preferencialmente advogado, economista, administrador de empresa ou contador, ou pessoa jurídica especializada".

Ademais, sob o prisma do inciso I, alínea "h", do art. 22 da Lei de Falências, ao administrador compete, inclusive, "contratar, mediante autorização judicial, profissionais ou empresas especializadas para, quando necessário, auxiliá-lo no exercício de suas funções".

Logo, numa situação em que uma empresa seja parte em uma lide arbitral e, advindo a decretação da falência, não há que se cogitar a suspensão da arbitragem. Faz-se necessário, apenas, a substituição da representação das partes. No caso, o falido pelo administrador judicial.

Na mesma medida, diante de um processo falimentar em curso e deflagrado o início de um procedimento arbitral, oriundo de pacto firmado via cláusula arbitral e/ou compromisso arbitral,

---

[141] CAHALI, Francisco José. *Curso de arbitragem*: resolução CNJ 125/2010 (e respectiva emenda de 31 de janeiro de 2013): mediação e conciliação. São Paulo: Revista dos Tribunais, 2013, p. 197.

[142] CAHALI, Francisco José. *Curso de arbitragem*: resolução CNJ 125/2010 (e respectiva emenda de 31 de janeiro de 2013): mediação e conciliação. São Paulo: Revista dos Tribunais, 2013, p. 221.

cabe ao administrador judicial representar a massa falida no juízo arbitral.

Na oportunidade, vale destacar o que ponderou Carla de Vasconcellos Crippa, nos dizeres de Leonardo de Faria Beraldo:

> A superveniência da falência de uma das partes não teria o condão de retirar a validade e eficácia da convenção de arbitragem, ainda que a arbitragem ainda não tivesse sido instituída à época da decretação da quebra. A competência do Poder Judiciário (e, consequentemente, do juízo falimentar) foi afastada no exato momento em que a convenção de arbitragem foi contratada e, consequentemente, o juízo falimentar careceria de competência para julgar os conflitos submetidos à arbitragem, salvo se dissessem respeito a matérias da sua competência exclusiva.[143]

Veja-se, ainda, que esse também foi o entendimento exarado nos enunciados 6 e 75, respectivamente, na I Jornada de Prevenção e Solução Extrajudicial de Litígios (agosto de 2016) e II Jornada de Direito Comercial (fevereiro de 2015), promovidas pelo Conselho da Justiça Federal:

> I Jornada de Prevenção e Solução Extrajudicial de Litígios – Enunciado 6
> O processamento da recuperação judicial ou a decretação da falência não autoriza o administrador judicial a recusar a eficácia da convenção de arbitragem, não impede a instauração do procedimento arbitral, nem o suspende.
>
> II Jornada de Direito Comercial – Enunciado 75
> Havendo convenção de arbitragem, caso uma das partes tenha a falência decretada: (i) eventual procedimento arbitral já em curso não se suspende e novo procedimento arbitral pode ser iniciado, aplicando-se, em ambos os casos, a regra do art. 6º, §1º, da Lei nº 11.101/2005; e (ii) o administrador judicial não pode recusar a eficácia da cláusula compromissória, dada a autonomia desta em relação ao contrato.

Os referidos encontros reúnem, em regra, profissionais que atuam na mesma área e são organizados pelo Conselho da Justiça Federal, que, conforme estabelece o art. 105, parágrafo único, inc. II, da CF/88 e o art. 3º da Lei nº 11.798/2008, é o órgão central das

---

[143] BERALDO, Leonardo de Faria. *Curso de arbitragem*: nos termos da Lei nº 9.307/96. São Paulo: Atlas, 2014, p. 131.

atividades sistêmicas da Justiça Federal. O Conselho é integrado pela Corregedoria-Geral da Justiça Federal, pelo Centro de Estudos Judiciários e pela Turma Nacional de Uniformização dos Juizados Especiais Federais. Por meio do Centro de Estudos promovidos pelo Conselho da Justiça Federal, são analisados temas relevantes do Direito adaptando-os às inovações legislativas, doutrinárias e jurisprudenciais.

5.2 Disponibilidade dos bens

Quanto aos bens, conforme já argumentado, a incidência da Lei de Falências não gera, como consequência, sua indisponibilidade.

Considerando que a indisponibilidade patrimonial não deve ter como cerne aquele que o detém, mas antes a sua própria natureza, conclui-se que a matéria levada à arbitragem é que deve versar sobre direito patrimonial e de caráter disponível.

Veja-se que, como estabelece o art. 103 da Lei de Falências, é o devedor quem perde o direito de administrar os bens e não a massa falida:

> Art. 103. Desde a decretação da falência ou do sequestro, o devedor perde o direito de administrar os seus bens ou deles dispor.
> Parágrafo único. O falido poderá, contudo, fiscalizar a administração da falência, requerer as providências necessárias para a conservação de seus direitos ou dos bens arrecadados e intervir nos processos em que a massa falida seja parte ou interessada, requerendo o que for de direito e interpondo os recursos cabíveis.

Não é, pois, razoável entender que a restrição à administração dos bens atinja, de igual modo, a massa falida. Muito antes pelo contrário, os bens da massa falida são objeto de negócios, muitas das vezes, vendidos a fim de atender aos credores desde que obtenham autorização judicial.

Não se vislumbra, nesse caso, a *vis attractiva* do juízo falimentar quando a matéria versar sobre quantia ilíquida, conforme dispõe o art. 6º, §1º, da Lei de Falências:

> Art. 6º A decretação da falência ou o deferimento do processamento da recuperação judicial suspende o curso da prescrição e de todas as ações e execuções em face do devedor, inclusive aquelas dos credores particulares do sócio solidário.

§1º Terá prosseguimento no juízo no qual estiver se processando a ação que demandar quantia ilíquida.

A cláusula compromissória é contrato autônomo cuja validade e eficácia devem ser apreciadas no momento da sua celebração, de acordo com os critérios objetivo e subjetivo previstos no art. 1º da Lei nº 9.307/1996,[144] que diz respeito à capacidade e indisponibilidade de bens. No tocante à disponibilidade de bens, *in casu*, a Câmara Especial de Falências e Recuperações Judiciais de São Paulo, nos termos do voto proferido pelo relator Desembargador Manoel de Queiroz Pereira Calças, no agravo de instrumento nº 531.020-4/3-00, reconheceu a inexistência da *"vis attractiva"* do art. 76, "caput", ordenando que o procedimento arbitral prosseguisse com o administrador judicial:

> Outrossim, é correta a assertiva do ilustre magistrado de que decretada a falência, o devedor perde o direito de administrar seus bens ou deles dispor, na dicção expressa do artigo 103 da Lei nº 11 101/2005 No entanto, disso não resulta que a indisponibilidade dos bens, interesses e direitos envolvidos no processo de falência, acarrete a aplicação do artigo 25 da Lei nº 9 307/96 à convenção de arbitragem anteriormente pactuada, eis que, caberá à Massa Falida, representada pelo Administrador Judicial, praticar todos os atos conservatórios de direitos e ações, consoante prevê o artigo 22, inciso III, alínea I, da Lei de Recuperação de Empresas e Falências.

Logo, instaurado o processo falimentar, não há que se dizer que a indisponibilidade dos bens, pela empresa, constitua óbice para que o administrador judicial assuma a lide arbitral.

5.3 Ausência de anuência do comitê de credores

Ultrapassadas as questões que envolvem a capacidade do administrador judicial para compor a lide, mister se faz refletir sobre a atuação dos credores.

O comitê de credores possui natureza fiscalizatória com o condão de acompanhar a operacionalização dos processos decisórios

---

[144] VIEIRA, Maíra de Melo. A obrigatoriedade da cláusula compromissória em caso de litígios envolvendo empresas sujeitas a processos de falência ou recuperação – Comentários ao AgIn 658.014-4/2-00 do TJSP. In: *Revista de Arbitragem e Mediação*, São Paulo, ano 8, vol. 28, p. 303-314, jan./mar. 2011.

da empresa que se encontra em crise, cuja composição é prevista nos moldes do art. 26 da Lei nº 11.101/05:

> Art. 26. O Comitê de Credores será constituído por deliberação de qualquer das classes de credores na assembleia-geral e terá a seguinte composição:
> I – 1 (um) representante indicado pela classe de credores trabalhistas, com 2 (dois) suplentes;
> II – 1 (um) representante indicado pela classe de credores com direitos reais de garantia ou privilégios especiais, com 2 (dois) suplentes;
> III – 1 (um) representante indicado pela classe de credores quirografários e com privilégios gerais, com 2 (dois) suplentes.
> IV – 1 (um) representante indicado pela classe de credores representantes de microempresas e empresas de pequeno porte, com 2 (dois) suplentes.
> §1º A falta de indicação de representante por quaisquer das classes não prejudicará a constituição do Comitê, que poderá funcionar com número inferior ao previsto no caput deste artigo.
> §2º O juiz determinará, mediante requerimento subscrito por credores que representem a maioria dos créditos de uma classe, independentemente da realização de assembleia:
> I – a nomeação do representante e dos suplentes da respectiva classe ainda não representada no Comitê; ou
> II – a substituição do representante ou dos suplentes da respectiva classe.
> §3º Caberá aos próprios membros do Comitê indicar, entre eles, quem irá presidi-lo.

Note-se que a composição do comitê de credores apresenta número variável, não sendo imprescindível o *quantum* previsto no *caput* de tal dispositivo. Assim como uma das decisões do legislador foi a de atribuir ao comitê a possibilidade de fiscalizar as contas do administrador, dificultando a possibilidade de fraude.

Uma maior participação dos credores no processo falimentar, uma vez que são os maiores interessados na satisfação do seu crédito, é de importância inquestionável, pois é possível que haja, entre eles, conflito de interesses.

Para Armour, Hertig e Kanda esse conflito de agência entre credores, diante de um processo falimentar, agora na qualidade de "proprietários" dá-se em função de provável embate entre uma "classe de proprietários" e outra.[145]

---

[145] ARMOUR, John; HERTIG, Gerard; KANDA, Hideki. *The Anatomy of Corporate Law*, Second Edition, Oxford, 2009, p. 121.

Assim, é factível supor que uma "corrida" pelo recebimento do crédito pode ocasionar a própria dissolução do negócio. E, para os autores mencionados, quando os ativos da empresa valem mais quando mantidos em uma unidade do que separadamente, a sua quebra ocasiona um resultado ineficiente e resolver esses problemas constitui a função principal da Lei de Falências.

> Quando os ativos da empresa valem mais mantidos juntos do que com a quebra, este é um resultado ineficiente e seria melhor para os credores coletivamente concordarem em não executar, em vez de reestruturar as dívidas. Cada credor, no entanto, tem um incentivo para aplicar individualmente seu direito: aqueles que o fizerem primeiro serão pagos na íntegra, ao invés de um pagamento menos-do que-completo em uma reestruturação. Resolver estes problemas é a função principal da lei de falências.[146] (tradução própria).

O que se percebe, em um processo falimentar, é que os credores estão diante de um problema de coordenação. Se cada um deles atua individualmente em favor do seu direito de recebimento, a consequência pode resultar no desmembramento dos negócios da empresa.

A Lei nº 11.101/05, em seu art. 140, dispõe sobre mecanismos para garantir a unidade dos ativos, dando preferência à "alienação da empresa, com venda de seus estabelecimentos em bloco".

Armour, Hertig e Kanda apontam ainda outras estratégias que também podem ser utilizadas para que conflitos entre credores sejam minimizados, quais sejam: i) direito de nomeação do administrador judicial pelos credores; ii) direito de decisão possibilitando que as diversas classes sejam ouvidas; e iii) incentivos, já que algumas jurisdições permitem a permanência dos gerentes no controle da empresa conferindo direitos e incentivos para iniciar um plano de reorganização.[147]

---

[146] ARMOUR, John; HERTIG, Gerard; KANDA, Hideki. *The Anatomy of Corporate Law*, Second Edition, Oxford, 2009, p. 121-122. No original: *When the firm's assets are worth more kept together than broken up, this is an inefficient outcome and creditors would collectively be better off by agreeing not to enforce, and instead to restructure the firm's debts. Each creditor nevertheless has an incentive to enforce individually: those who do so first will get paid in full, rather than a less-than-complete payout in a restructuring. Resolving these problems is bankruptcy law's core function.*

[147] ARMOUR, John; HERTIG, Gerard; KANDA, Hideki. *The Anatomy of Corporate Law*, Second Edition, Oxford, 2009, p. 145.

A manifestação de vontade dos credores dá-se via Assembleia Geral, que, no ordenamento brasileiro, possibilita a participação dos credores das diferentes classes, nos moldes do art. 41 da Lei nº 11.101/05, sendo compostas pelas seguintes categorias: i) titulares de créditos derivados da legislação do trabalho ou decorrentes de acidentes de trabalho; ii) titulares de créditos com garantia real; iii) titulares de créditos quirografários, com privilégio especial, com privilégio geral ou subordinados.

Outrossim, para Jairo Saddi, um dos desafios da Lei de Falências, quando da sua publicação, era o de tentar modificar uma noção negativa no mercado brasileiro quanto à possibilidade de recebimento dos créditos:

> Trata-se do receio de participação direta dos credores nas decisões tomadas na empresa devedora devido à experiência de que concordata é sinônimo de calote, ou mesmo de que todos os esforços aplicados em execução concursal de falência são inúteis. Isso porque, via de regra, o credor nada recebia ao final dos antigos processos falimentares.[148]

O legislador optou por maximizar os resultados, abrindo espaço para que os próprios credores não somente participem da tomada de decisões importantes, como também fiscalizem o bom andamento do processo.[149]

Por todo o exposto, é evidente a relevância dos credores em todo o processo falimentar. Entretanto, a necessidade da sua anuência para que o administrador judicial assuma a lide arbitral merece maior reflexão.

Veja-se que, como dispõe o *caput* do artigo 117 da Lei de Falências, o legislador impõe a audição dos credores em situações pontuais:

> Art. 117. Os contratos bilaterais não se resolvem pela falência e podem ser cumpridos pelo administrador judicial se o cumprimento reduzir ou evitar o aumento do passivo da massa falida ou for necessário à manutenção e preservação de seus ativos, mediante autorização do Comitê.

---

[148] SADDI, Jairo. *In:* MOURÃO, Sérgio (Org.). *Comentários à Nova Lei de Falência e Recuperação de Empresas*. Rio de Janeiro: Forense, 2009, p. 285.
[149] SADDI, Jairo. *In:* MOURÃO, Sérgio (Org.). *Comentários à Nova Lei de Falência e Recuperação de Empresas*. Rio de Janeiro: Forense, 2009, p. 285.

Desse modo, a redação propõe o consentimento dos credores para que o administrador judicial atenda às obrigações outrora pactuadas desde que seu cumprimento reduza ou evite o aumento do passivo da massa falida. Poderia ser extraído, daí, o entendimento de que, para que aquele profissional assuma a lide no procedimento arbitral, seria necessária a anuência dos credores, o que não é verdade.

Como dito, a cláusula compromissória possui autonomia em relação ao contrato no qual está prevista, constituindo apenas parte acessória deste, como estabelece o art. 8º da Lei de Arbitragem.[150]

De igual forma, é o entendimento da II Jornada de Direito Comercial, no item ii do Enunciado 75, já destacado,[151] que assegura que o administrador judicial não pode recusar o cumprimento da cláusula compromissória e nem precisa de autorização do comitê (ou do magistrado) para dar início a procedimento arbitral que dela decorrer.

Assim, diante de um processo falimentar, iniciado ou não o procedimento arbitral, o administrador judicial deve assumir a lide, independentemente da anuência dos credores.

---

[150] Art. 8º A cláusula compromissória é autônoma em relação ao contrato em que estiver inserta, de tal sorte que a nulidade deste não implica, necessariamente, a nulidade da cláusula compromissória.
Parágrafo único. Caberá ao árbitro decidir de ofício, ou por provocação das partes, as questões acerca da existência, validade e eficácia da convenção de arbitragem e do contrato que contenha a cláusula compromissória.

[151] II Jornada de Direito Comercial – Enunciado 75.
Havendo convenção de arbitragem, caso uma das partes tenha a falência decretada: (i) eventual procedimento arbitral já em curso não se suspende e novo procedimento arbitral pode ser iniciado, aplicando-se, em ambos os casos, a regra do art. 6º, §1º, da Lei n. 11.101/2005; e (ii) o administrador judicial não pode recusar a eficácia da cláusula compromissória, dada a autonomia desta em relação ao contrato.

CAPÍTULO 6

A CELEBRAÇÃO DE CONVENÇÃO ARBITRAL APÓS A DECRETAÇÃO DA FALÊNCIA

6.1 Competência do administrador judicial e disponibilidade dos bens

A celebração de convenção arbitral, após a decretação da falência, implica uma reflexão bem diferente dos momentos anteriormente analisados.

Até então, o estudo considera a coexistência harmônica entre a falência e a arbitragem em dois momentos distintos, oportunidade em que se conclui que: i) diante de um processo falimentar em curso, pode um procedimento arbitral ter início em função de cláusula arbitral ou compromisso já pactuado em tempo pretérito; ou ii) ante um procedimento arbitral em andamento, advindo a decretação da falência, não há que se cogitar a suspensão da arbitragem.

Por outro lado, quanto à convenção arbitral após a decretação da falência, verifica-se a sua total impossibilidade, conforme será demonstrado. Em primeiro lugar, não por incapacidade do administrador judicial ou por causa da disponibilidade dos bens.

Afinal, como já exarado, considerando que o falido fica afastado da administração dos bens que irão integrar a massa falida, caberá ao administrador judicial representá-la nos processos judiciais, como previsto no art. 22 da Lei de Falências:

> Art. 22. Ao administrador judicial compete, sob a fiscalização do juiz e do Comitê, além de outros deveres que esta Lei lhe impõe:

> (...)
> III – na falência:
> (...)
> c) relacionar os processos e assumir a representação judicial da massa falida;
> (...)
> n) representar a massa falida em juízo, contratando, se necessário, advogado, cujos honorários serão previamente ajustados e aprovados pelo Comitê de Credores;

Na mesma medida, caberá ao administrador judicial assumir a lide arbitral já que quem perde a capacidade, *in casu*, é a pessoa do falido.

A reflexão em comento diz respeito à capacidade já conferida ao administrador judicial para compor a lide arbitral para, também, firmar compromisso arbitral.

Como elucidado, o compromisso arbitral é o instrumento, um acordo, através do qual as partes submetem um litígio à arbitragem. Como explica Carlos Alberto Camona, é o negócio jurídico processual por meio do qual os interessados em resolver um litígio deferem a sua solução a terceiros, afastando a jurisdição estatal.[152]

À luz do artigo 9º da Lei de Arbitragem, pode ser judicial ou extrajudicial:

> Art. 9º O compromisso arbitral é a convenção através da qual as partes submetem um litígio à arbitragem de uma ou mais pessoas, podendo ser judicial ou extrajudicial.
> §1º O compromisso arbitral judicial celebrar-se-á por termo nos autos, perante o juízo ou tribunal, onde tem curso a demanda.
> §2º O compromisso arbitral extrajudicial será celebrado por escrito particular, assinado por duas testemunhas, ou por instrumento público.

Isso posto, à primeira vista, é razoável entender que o administrador judicial teria capacidade não só para assumir a lide no juízo arbitral, mas, também, para firmar compromisso arbitral, seja judicialmente, por termo nos autos, perante o juízo ou tribunal onde tem curso a demanda, seja extrajudicialmente, celebrado por escrito particular.

---

[152] CARMONA, Carlos Alberto. *Arbitragem e processo*. Um comentário à lei nº 9.307/96. São Paulo: Atlas, 2009, p. 189-190.

In casu, verifica-se que não haveria qualquer óbice para que o administrador firmasse o compromisso arbitral já que, como dispõe a alínea "i" do inciso III, do art. 22 da Lei de Falências, a ele é cabível "praticar os atos necessários à realização do ativo e ao pagamento dos credores".

Mas, como será demonstrado, ainda que visando o melhor interesse da massa falida e dos credores envolvidos, o administrador judicial não poderia firmar compromisso arbitral. Repita-se, não lhe faltaria a arbitrabilidade subjetiva para o feito, entretanto, verificar-se-á claro vício na manifestação de vontade da sociedade, conforme será adiante enfrentado.

Quanto aos bens, como exaustivamente elucidado, a decretação da falência não implica indisponibilidade do patrimônio que compõe a massa. Não há, portanto, que se questionar a arbitrabilidade objetiva, exatamente como dispõe Paulo Fernando Campos Salles de Toledo:

> É o falido, pois, que não pode dispor de seus bens. Mas esta restrição, obviamente, não se estende à massa, uma vez que a realização dos ativos arrecadados é fase essencial do processo falimentar. Em qualquer liquidação, inclusive na falência, vendem-se os bens e, com o produto dessa venda, pagam-se os credores. De tudo se depreende que a decretação da falência não é óbice ao prosseguimento da arbitragem.[153]

Desta feita, a arbitrabilidade objetiva não sofrerá qualquer efeito em razão da decretação da falência de uma das partes.

6.2 Anuência judicial ou dos credores

Importante considerar, de igual modo, se seria possível a celebração de convenção arbitral por uma empresa em processo falimentar ainda que tivesse a anuência judicial ou dos credores.

Nos termos do art. 22 da Lei nº 11.101/05, várias são as funções desempenhadas pelo administrador judicial, dentre elas, a de representar judicialmente a massa falida, bem como, em juízo, contratar, se

---

[153] TOLEDO, Paulo Fernando Campos Salles de. Arbitragem e insolvência. *In: Revista de Arbitragem e Mediação*, ano 6, p. 25-52, jan./mar. 2009.

necessário, advogado cujos honorários serão previamente ajustados e aprovados pelo Comitê de Credores:

> Art. 22. Ao administrador judicial compete, sob a fiscalização do juiz e do Comitê, além de outros deveres que esta Lei lhe impõe:
> (...)
> I – na recuperação judicial e na falência:
> (...)
> h) contratar, mediante autorização judicial, profissionais ou empresas especializadas para, quando necessário, auxiliá-lo no exercício de suas funções;
> (...)
> §3º Na falência, o administrador judicial não poderá, sem autorização judicial, após ouvidos o Comitê e o devedor no prazo comum de 2 (dois) dias, transigir sobre obrigações e direitos da massa falida e conceder abatimento de dívidas, ainda que sejam consideradas de difícil recebimento.

Deduz-se do referido dispositivo que os direitos que compõem a massa falida permanecem disponíveis, podendo o administrador, em nome dela, até contratar. E, para que possa dispor dos bens e direitos, é imprescindível a autorização judicial e a audição do comitê de credores e do devedor, nos moldes do §3º supramencionado. O *caput* do art. 117 da Lei de Falências igualmente impõe a oitiva dos credores, assegurando que os contratos bilaterais:

> Podem ser cumpridos pelo administrador judicial se o cumprimento reduzir ou evitar o aumento do passivo da massa falida ou for necessário à manutenção e preservação de seus ativos, mediante autorização do Comitê.

Felipe Ferreira Machado Moraes, ao dissertar sobre o tema, assevera que, em verdade, a arbitragem é processo jurisdicional, adversarial, que não implica renúncia ou transigência sobre direitos, o que, per si, não representa disponibilidade patrimonial.[154] Para o autor, tal procedimento independe de autorização judicial:

> Este raciocínio é imprescindível para analisar a possiblidade de celebração de convenção arbitral pela massa falida, após a decretação da

---

[154] MORAES, Felipe Ferreira Machado. *A utilização da arbitragem por empresas em falência*. 2014. 113 f. (Mestrado em Direito) Pontifícia Universidade Católica de Minas Gerais. Programa de Pós-Graduação em Direito, Belo Horizonte.

falência. Trata-se de opção (pela via arbitral) de natureza jurídico-negocial, de competência do administrador, que independe de autorização judicial por não representar ato que implique em disponibilidade patrimonial.

Não obstante, como bem fundamentado pelo próprio autor, considerando que as custas do procedimento arbitral são, inclusive, bastante impactantes, insta reconhecer que, se fosse possível a assinatura de compromisso arbitral pela empresa em processo falimentar, haveria a necessidade de autorização judicial para arcar com a consequente obrigação:

> Enquanto solução extrajudicial de conflitos, de origem privada, a opção pela arbitragem implica em recolhimento de custas processuais, basicamente representadas pelos honorários dos profissionais que atuarão como árbitros e pela taxa de administração da Câmara de Arbitragem (esta última apenas será devida nas arbitragens institucionais ou administradas).
>
> Portanto, a opção pela via arbitral implica em recolhimento de custas, as quais podem atingir consideráveis cifras por serem fixadas, normalmente, com base no valor discutido na controvérsia. Assim, o administrador judicial não precisará de autorização judicial para celebrar a convenção arbitral, todavia, precisará de autorização em razão da obrigação de cunho patrimonial representada pelas custas da arbitragem, decorrente desta opção pela via arbitral. Neste caso, tal autorização deverá ocorrer como pré-requisito necessário para a celebração da convenção arbitral, em razão da responsabilidade das partes pelas custas.[155]

Assim sendo, conclui-se que tal autorização não decorre da opção pela via arbitral, mas pelos efeitos econômicos dela decorrentes.[156] Entretanto, mesmo que se argumente que bastaria a autorização dos credores ou do juízo para firmar o compromisso arbitral, há que se considerar a carência da manifestação da vontade pelos proprietários da sociedade.

---

[155] MORAES, Felipe Ferreira Machado. *A utilização da arbitragem por empresas em falência*. 2014. 113 f. (Mestrado em Direito) Pontifícia Universidade Católica de Minas Gerais. Programa de Pós-Graduação em Direito, Belo Horizonte.

[156] MORAES, Felipe Ferreira Machado. *A utilização da arbitragem por empresas em falência*. 2014. 113 f. (Mestrado em Direito) Pontifícia Universidade Católica de Minas Gerais. Programa de Pós-Graduação em Direito, Belo Horizonte.

6.3 Vício na manifestação da vontade

Como exarado, num primeiro momento, erroneamente, seria razoável admitir a possibilidade de o administrador judicial firmar novas convenções de arbitragem após a quebra, vinculando, assim, a massa falida a um procedimento arbitral. Nesse sentido, o entendimento de José Gabriel Lopes Pires Assis de Almeida e Matheus Sousa Ramalho:

> Muito embora o administrador judicial não possa dispor livremente dos bens da massa falida, sendo a sua atuação e todos os bens por ele arrecadados, vinculados ao interesse de melhor satisfazer o concurso de credores (art. 83), compete ao administrador judicial fazer o juízo de como deverá ser conduzida a massa falida objetiva.
>
> Portanto, muito embora a LRF não traga uma autorização expressa no sentido de autorizar o administrador judicial a celebrar novas convenções de arbitragens, ela também não faz qualquer vedação expressa nesse sentido.
>
> Assim, tendo por premissa a autorização genérica que a lei conferiu ao administrador judicial para administrar a massa falida, este poderá celebrar novas convenções de arbitragem, vinculando a massa falida, caso obtenha autorização do juízo ou do comitê de credores nesse sentido.[157]

No mesmo sentido, Leonardo de Faria Beraldo, que assevera o quanto o administrador judicial dependeria de autorização judicial, podendo basear seu pedido na própria Lei de Falências, especialmente no artigo 22.[158]

A reflexão dos autores citados, porém, merece reparos. Juridicamente o administrador é aquele que tem a seu cargo a administração e representação dos interesses de um conjunto de pessoas (síndico ou condomínio) ou, da massa falida, síndico da falência.[159] Entretanto, há que ser considerado que o administrador

---

[157] ALMEIDA, José Gabriel Lopes Pires Assis de; RAMALHO, Matheus Sousa. A compatibilidade da arbitragem com a falência e a recuperação judicial. In: SANTOS, Ricardo Soares Stersi dos; FERREIRA, Jussara Suzi Assis Borges Nasser; VILAS BOAS, Daniel Rivorêdo (Coord.). *Direito privado, formas de resolução de controvérsias e direito fundamental* [Recurso eletrônico on-line]. CONPEDI/UFMG/ FUMEC/Dom Helder Câmara (Org.). Florianópolis: CONPEDI, 2015.

[158] BERALDO, Leonardo de Faria. *Curso de arbitragem*: nos termos da Lei nº 9.307/96. São Paulo: Atlas, 2014, p. 129.

[159] ALMEIDA, Amador Paes de. *Curso de falência em concordata*. São Paulo: Saraiva, 2000, p. 230-231.

judicial não está investido de poderes para manifestar a vontade, conforme restará comprovado. Na CF/88 o princípio da autonomia da vontade é protegido pelo inciso II, do artigo 5º, que estabelece que ninguém é obrigado a fazer ou a deixar de fazer alguma coisa, senão em virtude de lei.

A capacidade da sociedade de se autorregular e de se manifestar em relação ao mercado vem se apresentando cada vez mais de maneira inibida, tendo em vista as inúmeras formas de regulamentação a que estão sujeitas, como, por exemplo, a Comissão de Valores Mobiliários, os Regulamentos das Câmaras de Arbitragem, dentre outros. Mas, ainda assim, não há dúvida sobre o prestígio e destaque que deve ser dado ao princípio da autonomia da vontade.

Sua natureza veio a ter, ao longo da história, uma significativa evolução. O princípio da autonomia da vontade é reflexo, em suas origens, da própria concepção de contrato, representando a maior e mais complexa manifestação da liberdade privada individual.

Para Marcelo Andrade Féres grande parte dos contratos firmados pelos empresários não consta da legislação e, imbuídos do princípio da autonomia privada, podem realizar, em regra, o que a legislação não proíbe.

> (...) suas avenças orientam-se pelo princípio da autonomia privada e, portanto, revestem-se de possibilidades infinitas. Podem as partes pactuar da forma que melhor lhes aprouver, desde que não incidam na seara do ilícito.[160]

Embora sejam conceitos com abrangências distintas, tanto a autonomia privada como a autonomia da vontade, são, em verdade, formas de manifestação da vontade. César Fiúza discorre acerca da diferença entre os princípios nos seguintes termos:

> Princípio da autonomia privada – Consiste na liberdade de as pessoas regularem, através de contratos, seus interesses, respeitados os limites legais. Difere do princípio da autonomia da vontade, em que neste todos são livres para decidir sobre o contrato como bem entenderem. O contrato viria de dentro para fora. Seria fenômeno exclusivamente

---

[160] FÉRES, Marcelo Andrade. *Estabelecimento Empresarial. Trespasse e efeitos obrigacionais*. São Paulo: Saraiva, 2007, p. 63.

volitivo. Na autonomia privada, o contrato não vem, exclusivamente, de dentro; não é fenômeno meramente volitivo.[161]

O autor também faz referências aos subprincípios da autonomia privada:

> a) princípio da liberdade de contratar, ou seja, celebrar ou não o contrato;
> b) princípio da liberdade contratual, ou seja, estabelecer o conteúdo do contrato;
> c) princípio da relatividade contratual ou do efeito relativo dos contratos, segundo o qual o contrato, em princípio, só obriga às partes, apesar de poder se opor a terceiros, em alguns casos, como, por exemplo, aos herdeiros de uma das partes, em certas circunstâncias;
> d) princípio do consensualismo, segundo o qual basta o acordo de vontades para que o contrato se considere celebrado. Embora o consensualismo seja ainda princípio geral, deve-se observar, que renasce de um certo modo, o formalismo, dado o número, cada vez maior de contratos, aos quais a Lei impõe a forma escrita.[162]

O que se extrai é que as expressões em comento referem-se a uma mesma realidade, distinguindo-se, em verdade, apenas pela evolução histórica.

Assim, pode-se dizer que o princípio da autonomia da vontade seria aquele trabalhado pela filosofia kantiana, sem possuir limitação. Henri de Page, nos dizeres de André Luiz Menezes Azevedo Sette, resume:

> Por autonomia da vontade deve-se entender, na nossa opinião, o poder que têm as vontades particulares de regularem elas próprias todas as condições e modalidades de seus ajustes, de decidirem sozinhas e sem tutela legal, da matéria e da extensão de suas convenções, numa palavra, de darem aos seus contratos o conteúdo, o objeto que entenderem conveniente e que lhes é permitido escolherem com toda liberdade, inspirando-se nos seus únicos interesses, e sob a única garantia de seus consentimentos recíprocos validamente trocados.[163]

---

[161] FIUZA, César. Principiologia do direito contratual. *Revista de Direito Comparado*, v. 5. Belo Horizonte: Faculdade de Direito da UFMG, 2000, p. 91-92.
[162] FIUZA, César. Principiologia do direito contratual. *Revista de Direito Comparado*, v. 5. Belo Horizonte: Faculdade de Direito da UFMG, 2000, p. 91-92.
[163] SETTE, André Luiz Menezes Azevedo. *A nova principiologia do direito contratual: autonomia privada, boa fé e justiça contratual*. 2002. p. 65 (Mestrado em Direito) Universidade Federal de Minas Gerais, Belo Horizonte.

Logo, a autonomia da vontade prestigia a liberdade de escolha e de contratar. Na mesma toada, ponto fundamental da arbitragem é a liberdade dos contratantes ao estabelecer o modo pelo qual seu litígio será resolvido.[164]

A esse respeito, destacam-se os dizeres de Carlos Alberto Carmona:

> Contrariando a alternativa acolhida pela Lei de Introdução ao Código Civil, o legislador prestigiou, no que se refere à arbitragem, o princípio da autonomia da vontade que – na visão dos internacionalistas – caracterizaria a possibilidade de exercerem as partes, livremente, a escolha da legislação à qual queiram submeter-se, limitada tal escolha, de um lado, pela noção de ordem pública e, de outro, pelas leis imperativas.[165]

Assim sendo, o que se pretende demonstrar é que, embora o administrador judicial atenda à determinação do art. 1º da Lei de Arbitragem, que dispõe que "as pessoas capazes de contratar poderão valer-se da arbitragem para dirimir litígios relativos a direitos patrimoniais disponíveis", não se vislumbra, todavia, o reconhecimento do compromisso arbitral, já que o administrador não pode expressar a manifestação de vontade da sociedade em processo falimentar.

No mesmo sentido, os sócios da sociedade, afastados da administração, também não possuem condição legal para manifestar a vontade ou firmar compromissos. O administrador judicial é investido de poderes para administrar a massa falida e não para substituir a vontade da sociedade que, até então, existe no mundo jurídico. O processo falimentar, por si só, não significa nem a transferência da propriedade da empresa, nem a sua inexistência. Quando o ativo se confirma maior do que o passivo, haverá a possibilidade de dar continuidade à atividade da empresa, mantendo-se os negócios, ainda que com o peso de ter suportado um processo de falência.[166]

---

[164] CARMONA, Carlos Alberto. *Arbitragem e processo*. Um comentário à Lei nº 9.307/96. São Paulo: Atlas, 2009, p. 64.

[165] CARMONA, Carlos Alberto. *Arbitragem e processo*. Um comentário à Lei nº 9.307/96. São Paulo: Atlas, 2009, p. 64.

[166] BERTOLDI, Marcelo M.; RIBEIRO, Márcia Carla Pereira. *Curso Avançado de Direito Comercial*. São Paulo: Revista dos Tribunais, 2009, p. 638.

Portanto, verifica-se uma completa ausência de sujeito, capaz de manifestar a vontade da sociedade, que, como dito, pode inclusive ter sobrevida após o fim do processo falimentar. Para Ricardo Negrão, a decretação da falência implica, na verdade, limitação temporária, restrita, ao período falimentar,[167] de determinados direitos, como a livre administração e disponibilidade de seus bens, *a legitimatio ad causam* para as ações sobre os bens da massa, bem como o exercício de qualquer atividade empresarial e sigilo de seus livros e da sua correspondência.

Destarte, a empresa não está em condições de manifestar sua vontade, possibilitando, assim, a assinatura de compromisso arbitral que representa negócio jurídico com forma prescrita em lei, e, pois, com requisitos próprios, como determina a Lei de Arbitragem:

> Art. 10. Constará, obrigatoriamente, do compromisso arbitral:
> I – o nome, profissão, estado civil e domicílio das partes;
> II – o nome, profissão e domicílio do árbitro, ou dos árbitros, ou, se for o caso, a identificação da entidade à qual as partes delegaram a indicação de árbitros;
> III – a matéria que será objeto da arbitragem; e
> IV – o lugar em que será proferida a sentença arbitral.

Consoante já demonstrado, cabe ao administrador judicial tomar para si a gestão sobre o patrimônio do falido não mais para manter a empresa em funcionamento, mas sim para ultimar suas atividades e ratear seus bens entre os credores.[168] Entretanto, embora seja capaz de contratar com autorização judicial, bem como, à luz do alínea "i", do inciso III, do artigo 22 da Lei de Falências, "praticar os atos necessários à realização do ativo e ao pagamento dos credores", não é razoável dizer que o administrador judicial possa manifestar a vontade da empresa.

O administrador judicial é um órgão instituído para ser o principal auxiliar do juízo na condução do processo de falência,

---

[167] NEGRÃO, Ricardo. *Aspectos objetivos da lei de recuperação de empresas e de falências*: lei n. 11.101, de 9 de fevereiro de 2005. São Paulo: Saraiva, 2010, p. 74-75.

[168] PIMENTA, Eduardo Goulart. Atribuições e perfil do administrador judicial, gestor judicial e comitê de credores no contesto da Lei nº 11.101/05. *In*: CASTRO, Moema A. S. de; CARVALHO, William Eustáquio de (Coord.). *Direito falimentar contemporâneo*. Porto Alegre: Sérgio Antônio Fabris Editor, p. 9-30.

tendo em vista a impossibilidade material e técnica de se atribuir exclusivamente ao Poder Judiciário o ônus de dirigir tais processos.[169] O que se extrai, assim, é que o administrador judicial representa a massa falida, com poderes específicos, especialmente para a otimização dos fatores de produção e pagamento dos credores. E, como já apontado, com liberdade limitada, já que, para que tome algumas medidas, é imprescindível a audição do juízo ou credores.

Nesse diapasão, mister analisar o artigo 116 do Código Civil (Lei nº 10.406, de 10 de janeiro de 2002). Veja-se:

> Art. 116. A manifestação de vontade pelo representante, nos limites de seus poderes, produz efeitos em relação ao representado.

Veja-se que o representado não pode ir além dos limites impostos pelos seus poderes. O artigo 115, da mesma norma, determina que "os poderes de representação conferem-se por lei ou pelo interessado". Assim, a representação do administrador judicial é prevista na Lei de Falências, com poderes e fins específicos, razão pela qual não pode ser admissível que firme compromisso arbitral.

Admitir o contrário significa não reconhecer a vontade da empresa, comprometendo a validade do compromisso arbitral por vício na manifestação da vontade.

No direito contratual, a autonomia da vontade concede às pessoas o poder de estabelecer livremente, através de declaração de vontade, como melhor lhe convier a disciplina de seus interesses.[170] E, como ressalta Francisco José Cahali, na arbitragem a autonomia da vontade é prestigiada em grau máximo:

> (...) começa com a liberdade das partes para a indicação da arbitragem como forma de solução de litígio; e, prossegue, com a faculdade de indicarem todas as questões que gravitam em torno desta opção. Assim, estabelecem quem e quantos será(ão) o(s) árbitro(s), de forma direta ou indireta, e como será desenvolvido o procedimento arbitral (por exemplo, relativamente a prazos, locais para a prática dos atos, eventual

---

[169] PIMENTA, Eduardo Goulart. Atribuições e perfil do administrador judicial, gestor judicial e comitê de credores no contesto da Lei nº 11.101/05. *In*: CASTRO, Moema A. S. de; CARVALHO, William Eustáquio de (Coord.). *Direito falimentar contemporâneo*. Porto Alegre: Sérgio Antônio Fabris Editor, p. 9-30.

[170] CAHALI, Francisco José. *Curso de Arbitragem*. 3. ed. São Paulo: Revista dos Tribunais, 2013, p. 105.

restrição para apreciação de medidas de urgência ou tutelas antecipadas sem ouvir a parte contrária etc.).[171]

A autonomia confirma, pois, o poder das partes de modelar, em conjunto, toda a arbitragem, sendo tal princípio da essência deste instituto.[172]

Como consignado, a sociedade só se desfaz com o último ato e não antes, razão pela qual a vontade dos sócios não pode ser, *in casu*, desconsiderada. Além do mais, ponto fundamental da arbitragem é a liberdade dos contratantes ao estabelecer o modo pelo qual seu litígio será resolvido e, nesse caso, a vontade não estaria sendo preservada. O que não acontece quando o administrador judicial assume a lide arbitral, com o processo falimentar em curso, já que o compromisso arbitral foi assinado em tempo pretérito.

Destaca-se ainda que o administrador judicial não poderia firmar o compromisso arbitral mesmo que houvesse a anuência dos sócios da empresa. Declarada a falência, sérias restrições são impostas à capacidade do falido, o que significa que sua manifestação de vontade, *in casu*, seria intempestiva, não do ponto de vista legal, mas da própria natureza do processo falimentar, já que, para todos os fins, o sócio falido encontra-se incapacitado processualmente e para dispor dos próprios bens.

Afinal, o falido é impedido de praticar qualquer ato que se refira aos bens, interesses, direitos e obrigações compreendidos na falência, sob pena de nulidade a ser declarada *ex officio*, independentemente de prova de prejuízo.[173]

Insta mencionar, entretanto, que, caso a convenção arbitral seja estabelecida pela empresa após a decretação da falência, não necessariamente ela deverá ser imediatamente invalidada já que o pedido de falência pode ser julgado improcedente. Nesse caso, a discussão seria em torno de eventual pedido de nulidade de cláusula compromissória ou compromisso arbitral.

---

[171] CAHALI, Francisco José. *Curso de Arbitragem*. 3. ed. São Paulo: Revista dos Tribunais, 2013, p. 105.
[172] CAHALI, Francisco José. *Curso de Arbitragem*. 3ªed. São Paulo: Editora Revista dos Tribunais, 2013, p. 105.
[173] ALMEIDA, Amador Paes de. *Curso de falência em concordata*. São Paulo: Saraiva, 2000, p. 170.

HABILITAÇÃO DA SENTENÇA ARBITRAL

7.1 A sentença arbitral e sua natureza

No ordenamento brasileiro o conceito de sentença arbitral não constitui um problema. Percebe-se que o legislador adotou um critério finalístico, uma vez que, proferida a sentença, dá-se por finda a arbitragem. Ao contrário do que ocorre no processo estatal, em que há recursos.[174]

José Maria Rossani Garcez chega a dizer que, em todos os países em que existem disposições legais sobre arbitragem, aplica-se o preceito de que a sentença arbitral é definitiva, não comportando recurso a uma segunda instância.[175] Em seguida, o autor pondera:

> Se bem que enunciados na historiografia da arbitragem, são raríssimos os casos em que as partes determinam que na estrutura do procedimento arbitral seja inserida uma segunda instância. Não seria lógico que isso ocorresse em face da celeridade desejada, mas é possível que em determinadas circunstâncias possam as partes querer, embora paradoxalmente, fazer uma revisão arbitral *senior* da *ars decidendi* de "primeira instância".[176]

---

[174] BERALDO, Leonardo de Faria. *Curso de arbitragem: nos termos da Lei nº 9.307/96*. São Paulo: Atlas, 2014, p. 414.

[175] GARCEZ, José Maria Rossani. *Arbitragem nacional e internacional*. Progressos recentes. Belo Horizonte: Del Rey, 2007, p. 291-292.

[176] GARCEZ, José Maria Rossani. *Arbitragem nacional e internacional*. Progressos recentes. Belo Horizonte: Del Rey, 2007, p. 292.

Na oportunidade, frise-se que o que é incontroverso é o caráter definitivo da sentença arbitral, privilegiando a celeridade esperada no juízo arbitral.

O art. 31 da Lei de Arbitragem estabelece que: "A sentença arbitral produz, entre as partes e seus sucessores, os mesmos efeitos da sentença proferida pelos órgãos do Poder Judiciário e, sendo condenatória, constitui título executivo".

E, conforme o art. 26 da mesma norma, a sentença arbitral precisa ter, obrigatoriamente, i) o relatório, que conterá os nomes das partes e um resumo do litígio; ii) os fundamentos da decisão, em que serão analisadas as questões de fato e de direito, mencionando-se, expressamente, se os árbitros julgaram por equidade; iii) o dispositivo, em que os árbitros resolverão as questões que lhes forem submetidas e estabelecerão o prazo para o cumprimento da decisão, se for o caso; e iv) a data e o lugar em que foi proferida. Deverá, ademais, ser assinada pelo árbitro ou por todos os árbitros, o que lhe confere ainda mais semelhança com a decisão judicial.

A sentença arbitral pode ser terminativa ou definitiva. Aquela que julga o pedido procedente, no todo ou em parte, e a de improcedência são exemplos de sentença definitiva. Já a decisão que extingue o feito, sem resolução do mérito, é exemplo de sentença terminativa.[177] E como assegura o artigo 34 da Lei de Arbitragem, sua nacionalidade dependerá estritamente do local em que for proferida.[178]

A sentença arbitral definitiva, por sua vez, pode ser de dois tipos, como leciona Carlos Alberto Carmona, quais sejam: a sentença arbitral final, que põe fim ao processo julgando integralmente o litígio, ou, parcial, que é de interesse das partes:

> (...) em sede arbitral a permissão para que sejam proferidas sentenças parciais pode vir ao encontro do interesse das partes, que eventualmente terão necessidade de ver resolvidos rapidamente determinados pleitos, o que facilitará (ou condicionará) o normal desenvolvimento de obrigações contratuais múltiplas. As sentenças arbitrais parciais certamente entrarão em cogitação para dirimir litígios que demandem

---

[177] BERALDO, Leonardo de Faria. *Curso de arbitragem*: nos termos da Lei nº 9.307/96. São Paulo: Atlas, 2014, p. 416.
[178] Lei de Arbitragem. Art. 34, parágrafo único – considera-se sentença arbitral estrangeira a que tenha sido proferida fora do território nacional.

liquidação, bem como para as múltiplas demandas societárias, em que os contendentes muitas vezes precisam de decisão rápida acerca de parte dos litígios (que reclamam apenas resolução de questões de direito).[179]

Importante destacar que, por todo o exposto, a sentença terminativa não interessa ao presente estudo, já que não sofre qualquer efeito em relação à falência. Por conseguinte, a sentença definitiva constitui reflexão nuclear do presente tópico.

Proferida a sentença arbitral, dá-se por finda a arbitragem,[180] devendo o árbitro ou o presidente do tribunal arbitral enviar cópia da decisão às partes,[181] passando, assim, a produzir efeitos: i) em relação à jurisdição do árbitro, que termina no momento em que a sentença é proferida, a menos que contenha obscuridades, o que pode motivar pedido de esclarecimento; ii) do direito material existente entre as partes; iii) na esfera jurídica de terceiros, na medida em que vincula os sucessores das partes, assim como ocorre quando se trata de processo judicial;[182] e iv) no direito processual civil aplicado às partes.

No tocante aos efeitos da sentença arbitral no direito material das partes, ela pode ser classificável em função do resultado proporcionado aos litigantes, sendo declaratória, constitutiva e condenatória:

> (...) serão meramente declaratórias as sentenças arbitrais que se limitem a afirmar a existência ou a inexistência de relação jurídica ou a falsidade de documentos; serão constitutivas as sentenças que, além de declarar que um dos litigantes tem direito ao que pede, acrescentam a constituição, a modificação ou a extinção de uma relação jurídica; e,

---

[179] CARMONA, Carlos Alberto. *Arbitragem e processo*. Um comentário à Lei nº 9.307/96. São Paulo: Atlas, 2009, p. 348-349.

[180] GARCEZ, José Maria Rossani. *Arbitragem nacional e internacional*. Progressos recentes. Belo Horizonte: Del Rey, 2007, p. 291.

[181] E como assegura o artigo 30 da Lei de Arbitragem, no prazo de cinco dias, a contar do recebimento da notificação ou da ciência pessoal da sentença arbitral, a parte interessada, mediante comunicação à outra parte, poderá solicitar ao árbitro ou ao tribunal arbitral que: i) corrija qualquer erro material da sentença arbitral; ou ii) esclareça alguma obscuridade, dúvida ou contradição da sentença arbitral, ou se pronuncie sobre ponto omitido a respeito do qual devia manifestar-se a decisão. Assim, o árbitro ou o tribunal arbitral decidirá no prazo de dez dias ou em prazo acordado com as partes, aditará a sentença arbitral e notificará as partes.

[182] BERALDO, Leonardo de Faria. *Curso de arbitragem*: nos termos da Lei nº 9.307/96. São Paulo: Atlas, 2014, p. 429.

por derradeiro, serão condenatórias as sentenças arbitrais que, além da declaração do direito, impuserem ao vencido o cumprimento de uma prestação à qual esteja obrigado (imposição de sanção, concretizando as medidas executivas previstas abstratamente na lei processual).[183]

De todo modo, interessa, assim, a sentença arbitral que constituir título a ser levado ao Poder Judiciário não para homologação, já que o artigo 18 da Lei de Arbitragem preceitua que "o árbitro é juiz de fato e de direito, e a sentença que proferir não fica sujeita a recurso ou a homologação pelo Poder Judiciário", mas, antes, porém, como crédito em desfavor da massa falida.

7.2 Executividade

Sob o prisma do art. 515[184] do novo CPC, a sentença arbitral é título executivo judicial cujo cumprimento dar-se-á de acordo com as normas impostas pela própria norma. Por sua vez, o art. 516 da mesma norma dispõe sobre cumprimento da sentença:

> Art. 516. O cumprimento da sentença efetuar-se-á perante:
> (...)
> III – o juízo cível competente, quando se tratar de sentença penal condenatória, de sentença arbitral, de sentença estrangeira ou de acórdão proferido pelo Tribunal Marítimo.
> Parágrafo único. Nas hipóteses dos incisos II e III, o exequente poderá optar pelo juízo do atual domicílio do executado, pelo juízo do local onde se encontrem os bens sujeitos à execução ou pelo juízo do local onde deva ser executada a obrigação de fazer ou de não fazer, casos em que a remessa dos autos do processo será solicitada ao juízo de origem.

Dessa feita, o pedido de cumprimento de sentença arbitral condenatória de obrigação de pagar quantia certa será manejado com instauração de um novo processo, e não apenas em fase processual, perante o juízo estatal.[185] De posse da sentença,

---

[183] CARMONA, Carlos Alberto. *Arbitragem e processo*. Um comentário à lei nº 9.307/96. São Paulo: Atlas, 2009, p. 337.
[184] Art. 515. São títulos executivos judiciais, cujo cumprimento dar-se-á de acordo com os artigos previstos neste Título: (...) VII – a sentença arbitral.
[185] CAHALI, Francisco José. *Curso de Arbitragem*. 3. ed. São Paulo: Revista dos Tribunais, 2013, p. 305.

necessária a provocação do Poder Judiciário, cuja petição deverá conter os requisitos que lhes são próprios, acompanhada do título executivo e documentos comprobatórios.

O feito pode parecer simples, mas algumas questões, tais como a incidência de multas por descumprimento de sentença, ainda merecem reflexão, notadamente em função de falta de previsão expressa pela legislação.

Pela Lei nº 9.307/96, conforme o inciso III, do art. 26, "os árbitros resolverão as questões que lhes forem submetidas e estabelecerão o prazo para o cumprimento da decisão". O CPC/2015, por sua vez, estabelece que a sentença arbitral deverá ser cumprida no prazo de 15 (quinze) dias:

> Art. 515. São títulos executivos judiciais, cujo cumprimento dar-se-á de acordo com os artigos previstos neste Título:
> (...)
> VII – a sentença arbitral;
> (...)
> §1º Nos casos dos incisos VI a IX, o devedor será citado no juízo cível para o cumprimento da sentença ou para a liquidação no prazo de 15 (quinze) dias.

O que se mensura, primeiramente, é que há previsão de provável incidência de multa, pelo árbitro, por descumprimento da sentença arbitral. Nos ensinamentos de Francisco José Cahali, a multa eventualmente estabelecida na arbitragem constará da decisão e, assim, integrará a condenação:

> Fará parte do título executivo, na forma e condições então estabelecidas. Seria como a multa prevista em um contrato para o caso de inadimplemento; também aqui se contém no "título" e deverá ser objeto da condenação. Ainda, sua imposição é facultativa (salvo se da outra forma constar em contrato) e até excepcional. É assim, o título judicial é "intocável" neste particular e como tal pode ser exigido.[186]

Logo, a sentença arbitral, que deverá ser levada ao juízo falimentar competente para cumprimento, já pode conter, em seu

---

[186] CAHALI, Francisco José. *Curso de Arbitragem*. 3. ed. São Paulo: Revista dos Tribunais, 2013, p. 309.

bojo, um valor majorado em função da incidência da multa por descumprimento espontâneo da sentença. Entretanto, a medida não parece acertada já que, por todo o exposto, não há como a sociedade realizar o pagamento voluntário da dívida.

E, uma vez levada a sentença arbitral para competente inclusão do interessado no rol de credores, insta observar que a multa prevista naquela não se confunde com a multa processual imposta pelo Diploma Processual Civil:

> Art. 523. No caso de condenação em quantia certa, ou já fixada em liquidação, e no caso de decisão sobre parcela incontroversa, o cumprimento definitivo da sentença far-se-á a requerimento do exequente, sendo o executado intimado para pagar o débito, no prazo de 15 (quinze) dias, acrescido de custas, se houver.
> §1º Não ocorrendo pagamento voluntário no prazo do caput, o débito será acrescido de multa de dez por cento e, também, de honorários de advogado de dez por cento.

Sobre a incidência dessa última, veja-se que, em sede de julgamento, no Recurso Especial nº 1.175.763/RS, o STJ decidiu que a multa de 10% (dez por cento) do valor da condenação que não for adimplida espontaneamente pelo devedor, prevista no então art. 475-J do CPC de 1973, é aplicável no cumprimento de sentença arbitral.

> RECURSO ESPECIAL REPRESENTATIVO DE CONTROVÉRSIA – ACÓRDÃO ESTADUAL DANDO PROVIMENTO A AGRAVO DE INSTRUMENTO DA SOCIEDADE EMPRESÁRIA EXECUTADA, POR CONSIDERAR DESCABIDA A INCIDÊNCIA DA MULTA DO ARTIGO 475-J DO CPC NO ÂMBITO DE CUMPRIMENTO DE SENTENÇA ARBITRAL. INSURGÊNCIA DOS EXEQUENTES. 1. Para efeitos do artigo 543-C do CPC: No âmbito do cumprimento de sentença arbitral condenatória de prestação pecuniária, a multa de 10% (dez por cento) do artigo 475-J do CPC deverá incidir se o executado não proceder ao pagamento espontâneo no prazo de 15 (quinze) dias contados da juntada do mandado de citação devidamente cumprido aos autos (em caso de título executivo contendo quantia líquida) ou da intimação do devedor, na pessoa de seu advogado, mediante publicação na imprensa oficial (em havendo prévia liquidação da obrigação certificada pelo juízo arbitral).
> (...)

A decisão ressalta, além do que, o entendimento de que o adimplemento voluntário somente poderia ser realizado com disponibilidade inquestionável do montante, para o exequente.

6. Caso concreto.
6.1. (...)
6.2. O adimplemento voluntário da obrigação pecuniária (certificada no título executivo judicial) somente ocorre quando o valor a ela correspondente ingressa no campo de disponibilidade do exequente. Assim, permanecendo o valor em conta judicial ou mesmo indisponível ao credor, por opção do devedor, mantém-se, por evidente, o inadimplemento da prestação de pagar quantia certa, o que autoriza a imposição da multa de 10% (dez por cento) sobre a condenação (REsp 1.175.763/RS, Rel. Ministro Marco Buzzi, Quarta Turma, julgado em 21.06.2012, DJe 05.10.2012). (...)
Acórdão submetido ao rito do artigo 543-C do CPC e da Resolução STJ 8/2008.

Pondera-se, assim, que, havendo possibilidade de pagamento voluntário pelo devedor, são cabíveis as duas multas, já que, como leciona Francisco José Cahali, "uma sanção resulta da condenação pelo árbitro, nos limites de sua jurisdição que lhe foi outorgada para a fase de conhecimento. A outra é cogente ao juiz estatal, no exercício de sua jurisdição com força coercitiva nesta situação".[187]

Entretanto, repita-se, em função do juízo universal da falência e pela própria sociedade de realizar pagamentos espontâneos, não há que se cogitar a incidência das duas multas em desfavor da massa falida.

7.3 Habilitação e classificação do crédito

A classificação de créditos na falência é uma matéria que chama atenção pelos inúmeros conflitos de agência que podem ser observados entre os credores. Na Lei nº 11.101/05, com o fito de facilitar a aprovação de medidas, o legislador optou pela composição da Assembleia de credores em três classes.

A primeira delas é composta pelos titulares de créditos derivados da legislação trabalhista ou decorrentes do trabalho. Segundo Jairo Saddi, é a classe onde podem ser observadas as maiores controvérsias na classificação dos credores, já que, ao utilizar a expressão

---

[187] CAHALI, Francisco José. *Curso de Arbitragem*. 3. ed. São Paulo: Revista dos Tribunais, 2013, p. 309.

"créditos derivados da legislação do trabalho", o legislador possibilitou que um "sem-número" de credores sejam aí qualificados.[188] Mesmo os trabalhadores que não laboraram mais na empresa, ou aqueles que, em função de uma ação trabalhista com sentença transitada em julgado, estariam incluídos no dispositivo, dentro da mesma classe, ocasionando provável conflito de interesses.

Desse modo, partindo-se do pressuposto de que pessoas que não mais trabalham ou mesmo que nunca tiveram vínculo empregatício com a empresa devedora não tenham real interesse em sua recuperação, podemos concluir que a tomada de decisões dentro dessa classe de credores pode apresentar alguns obstáculos, principalmente no tocante ao eventual conflito de interesses entre aqueles que visam somente liquidar os ativos e os que objetivam a reestruturação da empresa em dificuldades. Por serem os primeiros a ter seu crédito recuperado no caso de falência e por votarem com base no número de cabeças, não no crédito envolvido, muitos dos credores terão privilégios se na classe trabalhista forem qualificados.[189]

O autor argumenta ainda que, uma vez que o interesse da maioria dos credores passa a ser a composição da primeira classe, os pedidos de habilitação e impugnações podem tornar o processo mais moroso e caro.[190]

Veja-se que o disposto no artigo 41, §1º, da Lei de Falências prevê ademais que os titulares de créditos derivados da legislação do trabalho votam com a classe prevista no inciso I, (titulares de créditos derivados da legislação do trabalho ou decorrentes de acidentes de trabalho) com o total de seu crédito, independentemente do valor. Para Jairo Saddi, há aí mais um empecilho, já que muitos sindicatos, além de não serem verdadeiramente representativos, não conhecem totalmente os problemas vivenciados pelos trabalhadores e melhor seria a representação por meio de uma comissão eleita pelos próprios empregados.

A segunda classe composta pelos titulares de créditos com garantia real demonstra que o legislador quis conferir aos

---

[188] SADDI, Jairo. *Comentários à Nova Lei de Falência e Recuperação de Empresas.* Rio de Janeiro: Forense, 2009, p. 287.
[189] SADDI, Jairo. *Comentários à Nova Lei de Falência e Recuperação de Empresas.* Rio de Janeiro: Forense, 2009, p. 287.
[190] SADDI, Jairo. *Comentários à Nova Lei de Falência e Recuperação de Empresas.* Rio de Janeiro: Forense, 2009, p. 288.

bancos interação com o processo de recuperação judicial, tanto no fornecimento de novos empréstimos como na tomada das decisões. Hoje, a principal garantia de créditos das instituições financeiras são os bens patrimoniais, não a confiança pessoal, a segunda classe destina-se basicamente aos credores bancários.[191]

E a última classe formada pelos credores quirografários e com privilégios gerais constitui um agrupamento de pessoas que podem ter interesses divergentes, o que pode, em muito, atrapalhar as deliberações dentro das classes de credores.[192]

Observando a legislação de outros países, percebe-se a preocupação de evitar o conflito de interesses dentro do órgão de deliberação. Segundo Jairo Saddi, em alguns estados americanos, por exemplo, existem doze ou mais classes de credores. Há a classe dos credores bancários, outra para arrendamento mercantil e assim por diante.[193]

Assim, ainda que a Assembleia Geral de Credores apresente três classes com o objetivo de conferir celeridade ao processo, a disposição em si não significa, entretanto, participação ativa de todos os credores.

O que se deduz é que a legislação garante a universalidade e unidade do juízo falimentar contemplando, efetivamente, os credores da mesma classe. Por conseguinte, proferida a sentença arbitral, é natural que se questione como inseri-la no quadro de credores. Cabe então elucubração sobre dois momentos distintos.

O primeiro deles diz respeito à situação em que o procedimento arbitral ainda não foi concluído quando da decretação da falência. Nessa hipótese, é imprescindível a utilização de mecanismos próprios para a proteção dos direitos de créditos não apurados ou constituídos na arbitragem, o que pode ser realizado nos moldes do art. 6º da Lei de Falências:

> Art. 6º A decretação da falência ou o deferimento do processamento da recuperação judicial suspende o curso da prescrição e de todas as

---

[191] SADDI, Jairo. *Comentários à Nova Lei de Falência e Recuperação de Empresas*. Rio de Janeiro: Forense, 2009, p. 290.
[192] SADDI, Jairo. *Comentários à Nova Lei de Falência e Recuperação de Empresas*. Rio de Janeiro: Forense, 2009, p. 291.
[193] SADDI, Jairo. *Comentários à Nova Lei de Falência e Recuperação de Empresas*. Rio de Janeiro: Forense, 2009, p. 292.

ações e execuções em face do devedor, inclusive aquelas dos credores particulares do sócio solidário.

§1º Terá prosseguimento no juízo no qual estiver se processando a ação que demandar quantia ilíquida.

§2º É permitido pleitear, perante o administrador judicial, habilitação, exclusão ou modificação de créditos derivados da relação de trabalho, mas as ações de natureza trabalhista, inclusive as impugnações a que se refere o art. 8º desta Lei, serão processadas perante a justiça especializada até a apuração do respectivo crédito, que será inscrito no quadro-geral de credores pelo valor determinado em sentença.

§3º O juiz competente para as ações referidas nos §§1º e 2º deste artigo poderá determinar a reserva da importância que estimar devida na recuperação judicial ou na falência, e, uma vez reconhecido líquido o direito, será o crédito incluído na classe própria.

No mesmo sentido o Novo Código de Processo Civil (Lei Federal nº 13.105, de 16 de março de 2015):

Art. 237. Será expedida carta:
(...)
IV – arbitral, para que órgão do Poder Judiciário pratique ou determine o cumprimento, na área de sua competência territorial, de ato objeto de pedido de cooperação judiciária formulado por juízo arbitral, inclusive os que importem efetivação de tutela provisória.
Parágrafo único. Se o ato relativo a processo em curso na justiça federal ou em tribunal superior houver de ser praticado em local onde não haja vara federal, a carta poderá ser dirigida ao juízo estadual da respectiva comarca.

Sendo assim, é factível concluir que a arbitragem, quando discutir quantia ilíquida, representa, expressamente, exceção à universalidade do juízo falimentar e, portanto, enquanto perdurar a fase de conhecimento, deverá ter normal prosseguimento.

Havendo reserva de importâncias, os valores a ela relativos ficarão depositados até o julgamento definitivo do crédito. No caso de não ser este finalmente reconhecido, no todo ou em parte, os recursos reservados serão objeto de rateio suplementar entre os credores remanescentes.[194]

---

[194] MORAES, Francisco de Assis Basilio de. *Manual de direito falimentar*: aspectos históricos, falência, recuperação de empresas, crimes falimentares e exercícios. Niterói: Impetus, 2013, p. 213.

Por sua vez, quanto ao procedimento arbitral ainda pendente de sentença, há a possibilidade de se pleitear no juízo falimentar a reserva do crédito para competente habilitação.

A outra situação diz respeito à sentença arbitral já apta para habilitação, o que deverá ocorrer conforme classificação, já que, como dito, os credores do falido não são tratados igualmente, dada a sua desigualdade quanto à natureza dos créditos.[195]

A forma de habilitação, nessa hipótese, será nos mesmos moldes do crédito constituído pela sentença originada do Poder Judiciário, com as exigências do artigo 9º da Lei de Falências,[196] especialmente sobre valor do crédito atualizado, garantias, apresentação de títulos e documentos. Na sentença arbitral que diz respeito à propriedade da massa falida, é imprescindível a observância dos artigos 85 e 86 da mesma norma,[197] que dispõe sobre as formas de restituição.

---

[195] MORAES, Francisco de Assis Basilio de. *Manual de direito falimentar*: aspectos históricos, falência, recuperação de empresas, crimes falimentares e exercícios. Niterói: Impetus, 2013, p. 143.

[196] Lei de Falências: Art. 9º A habilitação de crédito realizada pelo credor nos termos do art. 7º, §1º, desta Lei deverá conter:
I – o nome, o endereço do credor e o endereço em que receberá comunicação de qualquer ato do processo;
II – o valor do crédito, atualizado até a data da decretação da falência ou do pedido de recuperação judicial, sua origem e classificação;
III – os documentos comprobatórios do crédito e a indicação das demais provas a serem produzidas;
IV – a indicação da garantia prestada pelo devedor, se houver, e o respectivo instrumento;
V – a especificação do objeto da garantia que estiver na posse do credor.
Parágrafo único. Os títulos e documentos que legitimam os créditos deverão ser exibidos no original ou por cópias autenticadas se estiverem juntados em outro processo.

[197] Lei de Falências: Art. 85. O proprietário de bem arrecadado no processo de falência ou que se encontre em poder do devedor na data da decretação da falência poderá pedir sua restituição.
Parágrafo único. Também pode ser pedida a restituição de coisa vendida a crédito e entregue ao devedor nos 15 (quinze) dias anteriores ao requerimento de sua falência, se ainda não alienada.
Art. 86. Proceder-se-á à restituição em dinheiro:
I – se a coisa não mais existir ao tempo do pedido de restituição, hipótese em que o requerente receberá o valor da avaliação do bem, ou, no caso de ter ocorrido sua venda, o respectivo preço, em ambos os casos no valor atualizado;
II – da importância entregue ao devedor, em moeda corrente nacional, decorrente de adiantamento a contrato de câmbio para exportação, na forma do art. 75, §§3º e 4º, da Lei nº 4.728, de 14 de julho de 1965, desde que o prazo total da operação, inclusive eventuais prorrogações, não exceda o previsto nas normas específicas da autoridade competente;
III – dos valores entregues ao devedor pelo contratante de boa-fé na hipótese de revogação ou ineficácia do contrato, conforme disposto no art. 136 desta Lei.
Parágrafo único. As restituições de que trata este artigo somente serão efetuadas após o pagamento previsto no art. 151 desta Lei.

Apta para habilitação, o crédito constante na sentença arbitral deverá ser incluído na classe de credores nos moldes do artigo 83 da Lei de Falências.[198]

Vale lembrar que a legislação admite possibilidades de questionamentos acerca da sentença proferida na arbitragem em situações pontuais. A legitimidade, *in casu*, é do Ministério Público, Comitê de Credores, administrador judicial ou o próprio devedor, se verificadas as hipóteses de nulidades e fraudes, nos termos dos artigos 32 e 33 da Lei de Arbitragem:

> Art. 32. É nula a sentença arbitral se:
> I – for nula a convenção de arbitragem
> II – emanou de quem não podia ser árbitro;
> III – não contiver os requisitos do art. 26 desta Lei;

---

[198] Lei de Falências. Art. 83. A classificação dos créditos na falência obedece à seguinte ordem:
I – os créditos derivados da legislação do trabalho, limitados a 150 (cento e cinquenta) salários-mínimos por credor, e os decorrentes de acidentes de trabalho;
II – créditos com garantia real até o limite do valor do bem gravado;
III – créditos tributários, independentemente da sua natureza e tempo de constituição, excetuadas as multas tributárias;
IV – créditos com privilégio especial, a saber:
– os previstos no art. 964 da Lei nº 10.406, de 10 de janeiro de 2002;
– os assim definidos em outras leis civis e comerciais, salvo disposição contrária desta Lei;
– aqueles a cujos titulares a lei confira o direito de retenção sobre a coisa dada em garantia;
– aqueles em favor dos microempreendedores individuais e das microempresas e empresas de pequeno porte de que trata a Lei Complementar nº 123, de 14 de dezembro de 2006;
V – créditos com privilégio geral, a saber:
– os previstos no art. 965 da Lei nº 10.406, de 10 de janeiro de 2002;
– os previstos no parágrafo único do art. 67 desta Lei;
– os assim definidos em outras leis civis e comerciais, salvo disposição contrária desta Lei;
VI – créditos quirografários, a saber:
aqueles não previstos nos demais incisos deste artigo;
– os saldos dos créditos não cobertos pelo produto da alienação dos bens vinculados ao seu pagamento;
– os saldos dos créditos derivados da legislação do trabalho que excederem o limite estabelecido no inciso I do caput deste artigo;
VII – as multas contratuais e as penas pecuniárias por infração das leis penais ou administrativas, inclusive as multas tributárias;
VIII – créditos subordinados, a saber:
– os assim previstos em lei ou em contrato;
– os créditos dos sócios e dos administradores sem vínculo empregatício.
§1º Para os fins do inciso II do caput deste artigo, será considerado como valor do bem objeto de garantia real a importância efetivamente arrecadada com sua venda, ou, no caso de alienação em bloco, o valor de avaliação do bem individualmente considerado.
§2º Não são oponíveis à massa os valores decorrentes de direito de sócio ao recebimento de sua parcela do capital social na liquidação da sociedade.
§3º As cláusulas penais dos contratos unilaterais não serão atendidas se as obrigações neles estipuladas se vencerem em virtude da falência.
§4º Os créditos trabalhistas cedidos a terceiros serão considerados quirografários.

IV – for proferida fora dos limites da convenção de arbitragem;
V (Revogado pela Lei nº 13.129, de 2015)
VI – comprovado que foi proferida por prevaricação, concussão ou corrupção passiva;
VII – proferida fora do prazo, respeitado o disposto no art. 12, inciso III, desta Lei; e
VIII – forem desrespeitados os princípios de que trata o art. 21, §2º, desta Lei.

Art. 33. A parte interessada poderá pleitear ao órgão do Poder Judiciário competente a declaração de nulidade da sentença arbitral, nos casos previstos nesta Lei.
§1º A demanda para a declaração de nulidade da sentença arbitral, parcial ou final, seguirá as regras do procedimento comum, previstas na Lei nº 5.869, de 11 de janeiro de 1973 (Código de Processo Civil), e deverá ser proposta no prazo de até 90 (noventa) dias após o recebimento da notificação da respectiva sentença, parcial ou final, ou da decisão do pedido de esclarecimentos.
§2º A sentença que julgar procedente o pedido declarará a nulidade da sentença arbitral, nos casos do art. 32, e determinará, se for o caso, que o árbitro ou o tribunal profira nova sentença arbitral.
§3º A decretação da nulidade da sentença arbitral também poderá ser requerida na impugnação ao cumprimento da sentença, nos termos dos arts. 525 e seguintes do Código de Processo Civil, se houver execução judicial.
§4º A parte interessada poderá ingressar em juízo para requerer a prolação de sentença arbitral complementar, se o árbitro não decidir todos os pedidos submetidos à arbitragem.

Nesse caso, a ação competente é aquela com natureza desconstitutiva, não podendo confundir a invalidação da sentença com a invalidação do negócio jurídico em geral.[199]

Não obstante, é indispensável reconhecer que é desarrazoada qualquer desconfiança para com a sentença arbitral pelo simples fato de não ser proferida pelo Poder Judiciário. Como argumenta Leonardo de Faria Beraldo, insinuar que a resolução da pendência fora da jurisdição estatal seria uma forma de fraude, "com todo o respeito, é prova de desconhecimento da realidade, uma vez que a imprensa já denunciou, ao longo das últimas décadas, uma série de casos de corrupção dentro do próprio Poder Judiciário".[200]

---

[199] CAHALI, Francisco José. *Curso de Arbitragem*. 3. ed. São Paulo: Revista dos Tribunais, 2013, p. 329.
[200] BERALDO, Leonardo de Faria. *Curso de arbitragem*: nos termos da Lei nº 9.307/96. São Paulo: Atlas, 2014, p. 132.

CAPÍTULO 8

CONCLUSÃO

Com o abarrotamento da justiça, a arbitragem, sendo um dos mais antigos institutos, destaca-se como matéria de relevância inquestionável. Afora as conhecidas vantagens – celeridade e informalidade –, tal instrumento constitui importante via de solução das controvérsias, bem como instrumento eficaz de acesso à justiça.

No Brasil, com o advento da Lei Federal nº 9.307, de 23 de setembro de 1996 (Lei de Arbitragem), a arbitragem revela-se como instituto autônomo com características próprias. Assim, o procedimento arbitral atua como verdadeira jurisdição estatal, superando a tese do Estado como sendo único detentor do feito.

A lei supracitada abarcou a teoria publicista da natureza jurídica da arbitragem ao imprimir à sentença arbitral força obrigacional com os mesmos efeitos da sentença proferida pelo Judiciário, bem como com a inovação introduzida pelo inciso IV, do art. 475-N,[201] inaugurado pela Lei nº 11.232/2005, que alterou o Código de Processo Civil e conferiu *status* de título executivo judicial

---

[201] Art. 475-N. São títulos executivos judiciais:
I – a sentença proferida no processo civil que reconheça a existência de obrigação de fazer, não fazer, entregar coisa ou pagar quantia;
II – a sentença penal condenatória transitada em julgado;
III – a sentença homologatória de conciliação ou de transação, ainda que inclua matéria não posta em juízo;
IV – a sentença arbitral;
V – o acordo extrajudicial, de qualquer natureza, homologado judicialmente;
VI – a sentença estrangeira, homologada pelo Superior Tribunal de Justiça;
VII – o formal e a certidão de partilha, exclusivamente em relação ao inventariante, aos herdeiros e aos sucessores a título singular ou universal.
Parágrafo único. Nos casos dos incisos II, IV e VI, o mandado inicial (art. 475-J) incluirá a ordem de citação do devedor, no juízo cível, para liquidação ou execução, conforme o caso.

à sentença arbitral. Hoje, a disposição encontra-se prevista no inciso VII, do art. 515 da Lei Federal nº 13.105/2015 – Novo Código de Processo Civil.

O juízo universal da falência pressupõe uma unidade com a finalidade de otimizar o processo oferecendo tratamento isonômico aos credores. O instituto da arbitragem constitui exceção à *vis attractiva* do juízo universal da falência, podendo haver a tramitação concomitante de ações perante o juízo falimentar e procedimentos arbitrais. Apesar de as ações continuarem tramitando perante outros juízos, em todas elas, o administrador judicial, na condição de representante legal da massa falida, assume o polo no qual figurava o então devedor falido.

O argumento de que a incidência da Lei de Falências geraria tanto a incapacidade da massa falida no juízo arbitral como a indisponibilidade dos bens vem sendo afastado pela doutrina e jurisprudência. Nesse sentido, não há óbice jurídico para que a arbitragem e a falência aconteçam de forma simultânea, considerando que as arbitrabilidades objetiva e subjetiva são plenamente atendidas mesmo diante de um processo falimentar.

O processo falencial por envolver interesse público preza pelos princípios da publicidade e unidade a fim de oferecer transparência e tratamento isonômico aos credores. E a confidencialidade, ou sigilo, embora não seja característica imposta pela legislação, é bastante privilegiada pela arbitragem, constituindo, em princípio, possível incompatibilidade entre estes. Entretanto, não há contradição entre os feitos, já que ambos apresentam, como foco, a preservação dos institutos econômicos e internos da empresa, garantindo que somente as partes interessadas tenham acesso às informações técnicas e nucleares da companhia.

Na falência, a fiscalização é exercida pelo Ministério Público, na condição de *custus legis*, com base no art. 82 do Código de Processo Civil,[202] bem como sob o prisma do §2º do art. 187 da Lei

---

[202] Art. 82. Compete ao Ministério Público intervir:
  I – nas causas em que há interesses de incapazes;
  II – nas causas concernentes ao estado da pessoa, pátrio poder, tutela, curatela, interdição, casamento, declaração de ausência e disposições de última vontade;
  III – nas ações que envolvam litígios coletivos pela posse da terra rural e nas demais causas em que há interesse público evidenciado pela natureza da lide ou qualidade da parte.

de Falências, situação em que deverá, inclusive, ser cientificado "em qualquer fase processual, surgindo indícios da prática dos crimes", o que leva a crer que o desenvolvimento do procedimento falimentar não ocorre à revelia do referido órgão. Entretanto, a alternativa de trazer o Estado, ainda que por meio do Ministério Público, para o processo falimentar, diante da existência de uma arbitragem em curso, não é a alternativa mais acertada.

O envolvimento do Ministério Público sem que haja indícios da prática de crimes significaria, na verdade, entrave desnecessário. A Lei nº 11.101/2005 oferece ao Comitê de Credores opções para o acompanhamento do processo falimentar, embora seja de certa forma mitigada, na medida em que pode acontecer de, mesmo sendo constituído e em funcionamento, esse deixe de ser chamado para opinar sobre a prática de um determinado ato.

Atribuir a um terceiro o dever de fiscalização pode parecer boa alternativa. *In casu*, a melhor proposta é a criação de um Comitê de Resolução de Disputas – CRD, conhecido internacionalmente como *Dispute Resolution Board*. O Brasil não possui legislação específica que verse sobre o CRD. Assim, caberá às câmaras arbitrais regulamentar a matéria. A proposta não é a submissão da falência e da arbitragem a esse Comitê, mas sim a criação de um instituto semelhante, que possa auxiliar o administrador judicial e credores. O "Comitê Interdisciplinar" deve ser formado por interessados no eficiente processo falimentar e na lisura do procedimento arbitral, capaz de fazer um acompanhamento mais eficiente, afastando, pois, o desnecessário envolvimento do Ministério Público, podendo ser instituído mesmo que o processo falimentar esteja em andamento.

Diante de uma situação em que uma empresa seja parte em uma lide arbitral e, advindo a decretação da falência, não há que se cogitar a suspensão da arbitragem. Faz-se necessário, apenas, a substituição da representação das partes. No caso, o falido, pelo administrador judicial. Na mesma medida, ante um processo falimentar em curso e, deflagrado o início de um procedimento arbitral, oriundo de pacto firmado via cláusula arbitral e/ou compromisso arbitral, cabe ao administrador judicial representar a massa falida no juízo arbitral.

Em ambas as situações, esse responsável não pode recusar o seu cumprimento e nem precisa de anuência dos credores ou autorização do magistrado para dar início a procedimento arbitral que dela decorrer. No entanto, quanto à celebração de convenção arbitral após a decretação da falência, pelo administrador judicial, embora seja identificada tanto a capacidade das partes como a disponibilidade dos bens, o feito não possui amparo jurídico. Mesmo que se argumente que bastaria a autorização dos credores ou do juízo para firmar o compromisso arbitral, há que se considerar a carência da manifestação da vontade pela sociedade.

Declarada a falência, a manifestação de vontade da empresa é comprometida pela própria natureza do processo falimentar, já que, para todos os fins, a sociedade encontra-se incapacitada, tanto processualmente como para dispor dos próprios bens. Observa-se total ausência de sujeito capaz de manifestar a sua vontade, já que não há amparo legal para que o administrador judicial o faça. O processo de falência não implica transferência de propriedade nem, necessariamente, o desaparecimento da sociedade.

A sentença arbitral produz os mesmos efeitos da sentença proferida pelos órgãos do Poder Judiciário e, sendo condenatória, constitui título executivo em desfavor da massa falida, cujo pedido de cumprimento de sentença será manejado com a instauração de um novo processo.

Há previsão de provável incidência de multa, pelo árbitro, por descumprimento espontâneo da sentença arbitral, sendo que esta não se confunde com a multa processual imposta pelo CPC/2015. Não obstante, considerando a incapacidade da massa falida de realizar o pagamento voluntário de suas dívidas, não constitui medida razoável a incidência das referidas multas.

Proferida a sentença arbitral, esta deve ser inserida no quadro de credores considerando dois momentos distintos. O primeiro, na situação em que o procedimento arbitral ainda não foi concluído quando da decretação da falência, cuja proteção dos direitos de créditos deve se dar com reserva de importâncias. Já no caso de a sentença arbitral estar apta para habilitação, o procedimento deverá obedecer à classificação, considerando a desigualdade dos credores quanto à natureza dos créditos. A forma de habilitação, nessa hipótese, será nos mesmos moldes do crédito constituído pela sentença originada do Poder Judiciário.

A legislação admite o questionamento da sentença arbitral com o manejo de ação, por ineficácia ou nulidade do ato, promovendo a desconstituição da sentença.

Note-se, por fim, que, embora o Judiciário já venha se manifestando sobre a interação entre a arbitragem e a falência, verifica-se a urgente necessidade de normatização e atenção pelo Legislativo, consolidando entendimentos, a fim de que seja garantida, assim, maior segurança jurídica.

REFERÊNCIAS

ALMEIDA, José Gabriel Lopes Pires Assis de; RAMALHO, Matheus Sousa. A compatibilidade da arbitragem com a falência e a recuperação judicial. *In:* SANTOS, Ricardo Soares Stersi dos; FERREIRA, Jussara Suzi Assis Borges Nasser; VILAS BOAS, Daniel Rivorêdo (Coord.). *Direito privado, formas de resolução de controvérsias e direito fundamentais* [Recurso eletrônico on-line]. CONPEDI/UFMG/ FUMEC/Dom Helder Câmara (Org.). Florianópolis: CONPEDI, 2015.

ALMEIDA, Amador Paes de. *Curso de falência em concordata*. São Paulo: Saraiva, 2000.

ALVIM, José Eduardo Carreira, *Direito Arbitral Interno Brasileiro*. 1999, 512f. Tese, Belo Horizonte.

ANDRIGHI, Fátima Nancy. *In:* MOURÃO, Sérgio (Org.). *Comentários à Nova Lei de Falência e Recuperação de Empresas*. Rio de Janeiro: Forense, 2009.

ARMOUR, John; HERTIG, Gerard; KANDA, Hideki. *The Anatomy of Corporate Law*, Second Edition, Oxford, 2009.

BENEDICTSSON, Jonas; ISGREN, Anders; BESSMAN, Stefan; STALMARKER, Magnus; TISCHNER, Robert. *The Baker & Mackenzie International Arbitration Yearbook 2010-2011*. EUA: JurisNet, LLC, 2011.

BERALDO, Leonardo de Faria. *Curso de arbitragem*: nos termos da Lei nº 9.307/96. São Paulo: Atlas, 2014.

BERTASI, Maria Odete Duque. *In:* MACHADO, Rubens Approbato (Org.). *Comentários à Nova Lei de Falências e Recuperação de Empresas. Doutrina e Prática*. 2. ed. São Paulo: Quartier Latin, 2007.

BERTOLDI, Marcelo M.; RIBEIRO, Márcia Carla Pereira. *Curso Avançado de Direito Comercial*. São Paulo: Revista dos Tribunais, 2009.

BORYZEWICZ, Eric; HARB, Jean-Pierre; CHRISTOPHE, Lobier. *The Baker & Mackenzie International Arbitration Yearbook 2010-2011*. EUA: JurisNet, LLC, 2011.

BUZZI, Marco Aurélio Gastaldi. *A Arbitragem na União Europeia, nos Estados Unidos da América e no Mercosul*. Disponível em: http://ipeja.com.br/content/uploads/2015/05/A-Arbitragem-na-Uni%C3%A3o-Europ%C3%A9ia-nos-Estados-Unidos-da-Am%C3%A9rica-e-no-Mercosul-Marco-Aur%C3%A9lio-Gastaldi-Buzzi-.pdf. Acesso em: 11 jan. 2016.

CAHALI, Francisco José. *Curso de Arbitragem*. 3. ed. São Paulo: Revista dos Tribunais, 2013.

CARMONA, Carlos Alberto. *Arbitragem e Processo*: um comentário à Lei nº 9.307/96. São Paulo: Atlas, 2009.

CARMONA, Carlos Alberto; LEMES, Selma M. Ferreira. Considerações sobre os novos mecanismos instituidores do Juízo Arbitral. *In: Aspectos fundamentais da Lei de Arbitragem*. Rio de Janeiro: Forense, 1999.

CARVALHO, William Eustáquio de. Apontamentos sobre o princípio da preservação da empresa. *In:* CASTRO, Moema A. S. de; CARVALHO, William Eustáquio de (Coord.). *Direito Falimentar Contemporâneo.* Porto Alegre: Sérgio Antônio Fabris, 2008.

CARNELUTTI, Francesco. *Instituciones del Processo Civil.* Buenos Aires: Jurídicas Europa América, 1973.

CASTRO, Carlos Alberto Farracha de. *A polêmica envolvendo administradores judiciais de processos de falência, in* seção de Justiça e Direito. Disponível em: http://www.gazetadopovo.com.br/vidapublica/justica-direito/artigos/conteudo.phtml?id=1387785. Acesso em: 2 dez. 2013.

COELHO, Fábio Ulhoa. *Comentários à Nova Lei de Falências e de Recuperação de Empresas* (Lei n. 11.101, de 9-2-2005). São Paulo: Saraiva, 2005.

FAZZIO JÚNIOR, Waldo. *Lei de falência e recuperação de empresa.* 6. ed. São Paulo: Atlas, 2012.

FÉRES, Marcelo Andrade. *Estabelecimento Empresarial.* Trespasse e efeitos obrigacionais. São Paulo: Saraiva, 2007.

FILHO, Calixto Salomão. *O novo direito societário.* São Paulo: Malheiros, 2006.

FIUZA, César. Principiologia do direito contratual. *Revista de Direito Comparado,* Belo Horizonte, v. 5, p. 91-92, 2000.

FONSECA, Juliana Soares Porto. O BID e o CRD: a perspectiva de um financiador de projetos *In: CRD Comitê de Resolução de Disputas nos Contratos de Construção de Infraestrutura. DRB Dispute Resolution Board. Uma abordagem prática sobre a aplicação de Dispute Board no Brasil.* São Paulo: Pini, 2016.

FRANZONI, Diego. *Arbitragem societária.* São Paulo: Revista dos Tribunais, 2015.

GARCEZ, José Maria Rossani (Coord.). *A Arbitragem na era da Globalização.* Coletânea de Artigos de autores brasileiros e estrangeiros. Rio de Janeiro: Forense, 1999.

GARCEZ, José Maria Rossani. *Arbitragem nacional e internacional.* Progressos recentes. Belo Horizonte: Del Rey, 2007.

GUIMARÃES, Maria Celeste Morais. Comentários aos artigos 50 a 52 da Lei nº 11.101, de 09/02/2005. *In:* MOURÃO, Sérgio (Org.) *Comentários à Nova Lei de Falência e Recuperação de Empresas.* Rio de Janeiro: Forense, 2009.

LACERDA, Belizário Antonio de. *Comentários à lei de arbitragem.* Belo Horizonte: Del Rey, 1998.

LANCELLOTTI, Renata Weingrill. *Governança Corporativa na Recuperação Judicial Lei nº 11.101/2005.* Rio de Janeiro: Elsevier, 2010.

LIMA, Sérgio Mourão Corrêa. *Arbitragem – A Nova Lei Brasileira e a Praxe Internacional* (Tese de doutorado), Faculdade de Direito, Universidade Federal de Minas Gerais, 2001.

LIMA, Sérgio Mourão Corrêa. *Exequatur Stricto Sensu e Homologação de Sentença Arbitral e Judicial Estrangeira pelo Superior Tribunal de Justiça.* São Paulo: Saraiva, 2006.

LIMA, Sérgio Mourão Corrêa. *Comentários à Nova Lei de Falência e Recuperação de Empresas.* Rio de Janeiro: Forense, 2009.

LINHARES, Camila Pereira. Cláusula compromissória escalonada como recomendação para eleição do comitê. *In: CRD Comitê de Resolução de Disputas nos Contratos de Construção de Infraestrutura. DRB Dispute Resolution Board. Uma abordagem prática sobre a aplicação de Dispute Board no Brasil.* São Paulo: Pini, 2016.

LUCCA, Newton De. Capítulo I – Disposições Preliminares – art. 1º ao 4º. *In:* MOURÃO, Sérgio (Org.). *Comentários à Nova Lei de Falência e Recuperação de Empresas.* Rio de Janeiro: Forense, 2009, p. 29-72.

MARTINS, Pedro A. Batista. *Acesso à Justiça in Aspectos Fundamentais da Lei de Arbitragem.* Rio de Janeiro: Forense, 1999.

MARTINS, Pedro A. Batista. *Arbitragem através dos Tempos.* Obstáculos e preconceitos à sua implementação no Brasil. A Arbitragem na era da Globalização. Coletânea de Artigos de autores brasileiros e estrangeiros. Rio de Janeiro: Forense, 1999.

MARTINS, Pedro A. Batista. *Arbitragem no direito societário.* São Paulo: Quartier Latin, 2012.

MORAES, Felipe Ferreira Machado. *A utilização da arbitragem por empresas em falência.* 2014. 114 f. Dissertação de Mestrado – Pontifícia Universidade Católica de Minas Gerais, Belo Horizonte. 2014.

MORAES, Francisco de Assis Basilio de. *Manual de direito falimentar*: aspectos históricos, falência, recuperação de empresas, crimes falimentares e exercícios. Niterói: Impetus, 2013.

NEGRÃO, Ricardo. *Aspectos objetivos da lei de recuperação de empresas e de falências*: Lei nº 11.101, de 9 de fevereiro de 2005. São Paulo: Saraiva, 2010, p. 74-75.

NETO, Alfredo Assis Gonçalves. *In:* MOURÃO, Sérgio (Org.). *Comentários à Nova Lei de Falência e Recuperação de Empresas.* Rio de Janeiro: Forense, 2009.

NEVES, Flávia Bittar; TRINDADE, Bernardo Ramos; SALIBA JÚNIOR, Clémenceau Chiabi; SOARES, Pedro Silveira Campos. Conhecimento e Aplicabilidade do Comitê de Resolução de Disputas – CRD em obras de médio e grande portes. *In: CRD Comitê de Resolução de Disputas nos Contratos de Construção de Infraestrutura. DRB Dispute Resolution Board. Uma abordagem prática sobre a aplicação de Dispute Board no Brasil.* São Paulo: Pini, 2016.

PATROCÍNIO, Daniel Moreira do. *Recuperação de empresas e falência* – lei e jurisprudência. Rio de Janeiro: Lumen Juris, 2013.

PIMENTA, Eduardo Goulart. Atribuições e perfil do administrador judicial, gestor judicial e comitê de credores no contesto da Lei nº 11.101/05. *In:* CASTRO, Moema A. S. de; CARVALHO, William Eustáquio de (Coord.). *Direito falimentar contemporâneo.* Porto Alegre: Sérgio Antônio Fabris Editor, p. 9-30.

REQUIÃO, Rubens. *Curso de Direito Falimentar.* São Paulo: Saraiva, 1998.

RIBEIRO, Milton Nassau. *Aspectos Jurídicos da Governança Corporativa.* São Paulo: Quartier Latin do Brasil, 2007.

ROCHA, Cármen Lúcia Antunes. *Princípios constitucionais da administração pública.* Belo Horizonte: Del Rey, 1994.

SADDI, Jairo. *In:* MOURÃO, Sérgio (Org.). *Comentários à Nova Lei de Falência e Recuperação de Empresas.* Rio de Janeiro: Forense, 2009, p. 285.

SADDI, Jairo. *Comentários à Nova Lei de Falência e Recuperação de Empresas.* Rio de Janeiro: Forense, 2009, p. 287.

SETTE, André Luiz Menezes Azevedo. *A nova principiologia do direito contratual:* autonomia privada, boa fé e justiça contratual (Mestrado em Direito). Universidade Federal de Minas Gerais, Belo Horizonte, 2002.

SILVA, André Luiz Carvalhal da. *Governança corporativa e sucesso empresarial*: melhores práticas para aumentar o valor da firma. São Paulo: Saraiva, 2006.

SILVA, José Afonso da. *Curso de direito constitucional positivo*. São Paulo: Malheiros, 2008.

The Baker & Mackenzie International Arbitration Yearbook 2010-2011. EUA: JurisNet, LLC.

THEODORO JÚNIOR, Humberto. *Curso de Direito Processual Civil*. 17. ed. Rio de Janeiro: Forense 1998.

TOLEDO, Paulo Fernando Campos Salles de. Arbitragem e insolvência. In: *Revista de Arbitragem e Mediação*, ano 6, p. 25-52, jan./mar 2009.

TRINDADE, Bernardo Ramos. Introdução. In: *CRD Comitê de Resolução de Disputas nos Contratos de Construção de Infraestrutura. DRB Dispute Resolution Board. Uma abordagem prática sobre a aplicação de Dispute Board no Brasil*. São Paulo: Pini, 2016.

VICENTE, Paulo; ALEXANDRINO, Marcelo. *Direito Constitucional Descomplicado*. Rio de Janeiro: Forense: 2009.

VIEIRA, Maíra de Melo. A obrigatoriedade da cláusula compromissória em caso de litígios envolvendo empresas sujeitas a processos de falência ou recuperação – Comentários ao Agln 658.014-4/2-00 do TJSP. In: *Revista de Arbitragem e Mediação*, São Paulo, ano 8, vol. 2, p. 303-3148, jan./mar. 2011.

VILELA, Marcelo Dias Gonçalves. *Arbitragem no direito societário brasileiro*: extensão e limites da cláusula compromissória. Dissertação de Mestrado, UFMG, 2001.

Legislação

BRASIL. Câmara dos Deputados. Lei nº 9.307, de 23 de setembro de 1996. Disponível em: http://www.planalto.gov.br/ccivil_03/leis/L9307.htm. Acesso em: 19 maio 2017.

BRASIL. Câmara dos Deputados. Lei nº 11.101, de 9 de fevereiro de 2005. Disponível em: http://www.planalto.gov.br/ccivil_03/_ato2004-2006/2005/lei/l11101.htm. Acesso em: 19 maio 2017.

BRASIL. Câmara dos Deputados. Constituição da República Federativa do Brasil de 1988. Disponível em: http://www.planalto.gov.br/ccivil_03/constituicao/constituicao.htm. Acesso em: 19 maio 2017.

BRASIL. Câmara dos Deputados. Lei nº 11.798, de 29 de outubro de 2008. Disponível em: http://www.planalto.gov.br/ccivil_03/_ato2007-2010/2008/lei/l11798.htm. Acesso em: 19 maio 2017.

BRASIL. Câmara dos Deputados. Lei nº 13.105, de 16 de março de 2015. Disponível em: http://www.planalto.gov.br/ccivil_03/_ato2015-2018/2015/lei/l13105.htm. Acesso em: 19 maio 2017.

BRASIL. Câmara dos Deputados. Lei nº 6.604, de 15 de dezembro de 1976. Disponível em: http://www.planalto.gov.br/ccivil_03/leis/L6404compilada.htm. Acesso em: 19 maio 2017.

BRASIL. Câmara dos Deputados. Lei nº 5.172, de 25 de outubro de 1966. Disponível em: http://www.planalto.gov.br/ccivil_03/leis/L5172.htm. Acesso em: 19 maio 2017.

BRASIL. Câmara dos Deputados. Lei nº 13.129, de 26 de maio de 2015. Disponível em: http://www.planalto.gov.br/Ccivil_03/_Ato2015-2018/2015/Lei/L13129.htm. Acesso em: 19 maio 2017.

BRASIL. Câmara dos Deputados. Lei nº 10.406, de 10 de janeiro de 2002. Disponível em: http://www.planalto.gov.br/ccivil_03/leis/2002/L10406.htm. Acesso em: 19 maio 2017.

BRASIL. Câmara dos Deputados. Decreto Lei nº 2.848, de 7 de dezembro de 1940. Disponível em: http://www.planalto.gov.br/ccivil_03/decreto-lei/Del2848compilado.htm. Acesso em: 19 maio 2017.

Sites

CONSELHO NACIONAL DE JUSTIÇA – Relatório Justiça em números 2015. Disponível em: http://www.cnj.jus.br/programas-e-acoes/politica-nacional-de-priorizacao-do-1-grau-de-jurisdicao/dados-estatisticos-priorizacao. Acesso em: 23 maio 2017.

DIREÇÃO GERAL DA POLÍTICA DE JUSTIÇA, REPÚBLICA PORTUGUESA. Lei Modelo da UNCITRAL sobre Arbitragem Comercial Internacional. Disponível em: http://www.dgpj.mj.pt/sections/noticias/dgpj-disponibiliza/downloadFile/attachedFile_f0/UNCITRAL_Texto_Unificado.pdf?nocache=1298368366.42 Acesso em: 01 out. 2013.

SELMA LEMES ADVOGADOS – Pesquisa: Análise da Pesquisa Arbitragem em Números de 2010 a 2013. Disponível em: http://selmalemes.adv.br/artigos/An%C3%A1lise%20da%20Pesquisa%20Arbitragem%20em%20N%C3%BAmeros%20-2010-2013.pdf. Acesso em: 05 ago. 2016.

Esta obra foi composta em fonte Palatino Linotype, corpo 10
e impressa em papel Offset 75g (miolo) e Supremo 250g (capa)
pela Paulinelli Serviços Gráficos.